Klaus Eickhoff

Heilsames gegen die Angst

... und weitere Impulse für Herz und Verstand

W0194588

KLAUS EICKHOFF

HEILSAMES GEGEN
DIE ANGST

... und weitere
Impulse für Herz
und Verstand

Klaus Eickhoff
Heilsames gegen die Angst
... und weitere Impulse für Herz und Verstand

Bestell-Nr. 271676
ISBN 978-3-86353-676-3

Soweit nicht anders angegeben,
wurden die Bibelstellen zitiert nach:
Lutherbibel, revidierter Text 1984,
© 1999 Deutsche Bibelgesellschaft, Stuttgart.

Außerdem wurde verwendet:
NeÜ bibel.heute,
© 2010 Karl-Heinz Vanheiden und
Christliche Verlagsgesellschaft (NeÜ)

1. Auflage
© 2022 Christliche Verlagsgesellschaft Dillenburg
www.cv-dillenburg.de
Umschlagmotiv: © Shutterstock.com/fran_kie
Druck: GGP Media GmbH, Pößneck
Printed in Germany

Inhalt

Liebe Leserin, lieber Leser,

Liebeserklärungen von höchster Stelle an alle Menschen, also auch an Sie und mich und alle, die wir lieb haben – finde ich in der Heiligen Schrift.

Und da wird von der Ewigkeit erzählt, ernsthaft, fröhlich, voller Weisheit und sehr gewiss.

Unsere Lebenswege münden in Gottes Ewigkeit.

Viele Zeitgenossen sind zu sehr dem Vergänglichen zugewandt, dem Kleinkram, auch Kleinkariertem; sie leben, als ob es Gott nicht gäbe.

Kleinkram muss ja sein. Aber, dass wir uns darin verlieren – das darf nicht sein! Für geistliche Wahrheit und Weisheit, die der Seele Kraft, Schönheit und Tiefgang verleihen, werden wir unempfänglich, wenn wir nur dem Vergänglichen ausgeliefert sind. Ohne Ewigkeitshoffnung zu leben macht etwas mit uns, macht Angst, stumpft die Seele ab, die sich doch nach Gott, seiner Liebe, seiner Geborgenheit und Weisheit sehnt.

Und – was haben wir unseren Liebsten zu geben, wenn wir selber nichts Ewiges empfangen? Nur Vergängliches. Nur Vergängliches für unsere Kinder und Enkelkinder? Das können wir doch nicht wollen! Was sind wir dann für Eltern und Großeltern? Rabeneltern, Rabengroßeltern.

Als ich elf Jahre alt war, stand ich am offenen Grab meiner Mutter. Meine Seele war bewegt: *„Wo ist Mutti jetzt? Sie kann doch nicht einfach weg sein!"*

„Wo ist Mutti jetzt?" – Damit hatte ein Kind an die Frage aller Fragen gerührt, an die Frage über unser Leben und Sterben hinaus.

Dass das Wunder des Lebens allein durch einen geistvollen Schöpfer denkbar ist, finde ich unüberbietbar vernünftig, absolut wirklichkeitsnah. Es tut mir weh, wenn mir liebe Menschen gedankenlos dahindämmern. Ich ringe um sie; darum halte ich Vorträge für Herz und Verstand.

Ich konnte nicht ahnen, welche Horizonte sich mir öffnen würden, als ich begann, den tiefen Fragen unseres Daseins auf den Grund zu gehen. Schöneres gibt es nicht, trotz allem, was gegen mich spricht: von Gottes Liebe umschlossen zu sein, seiner Wahrheit und der kommenden Herrlichkeit zugewandt zu leben.

Die Kapitel in diesem Buch gehen auf Vorträge zurück, die ich in Deutschland, Österreich und der Schweiz gehalten habe.

In vertraulichen Gesprächen sagen mir Menschen, dass sie Angst haben.

Das Echo auf meinen Vortrag „Heilsames gegen die Angst" hat mir Mut gemacht, ihn neben anderen herauszugeben.

„Wohin wir kommen, wenn wir gehen" – auch davon ist die Rede; von der Ewigkeit, die uns umgibt und sich im Vergänglichen verbirgt.

Orientieren wir uns an der Heiligen Schrift, bekommen wir ewigkeitliche Aussichten, Gewissheit des ewigen Lebens.

Zudem hat die gute Botschaft in unserer vergänglichen Welt erfreuliche „Nebenwirkungen". Oftmals wirkt sie heilsam – gegen die Angst!

Viel Freude und Gewinn beim Lesen!

Klaus Eickhoff

Heilsames gegen die Angst

Ein Kind wacht auf in der Nacht. Es hat einen schweren Traum gehabt. Im Zimmer ist es dunkel, und in der Dunkelheit ist es allein. Schrecken befällt das Kind. Panik bricht herein. Urängste brechen auf.

Das kleine Wesen hat große Angst.

Was tut es?

Es schreit nach der Mutter. Ein sanftes Licht leuchtet auf. „Ich bin da!", flüstert die Mutter. „Hab keine Angst! Alles ist gut!"

Die Angst des Kindes in der Nacht steht für die Angst aller Menschen, die sich fürchten. Unser Leben kennt tausend Ängste, die wie mit knöchrigen Fingern nach uns greifen.

Dabei kommen wir alle aus tiefer Geborgenheit.

Wir waren behütet, umgeben von Wärme und Schutz, wurden getragen – sanfter ging es nicht. Kaum konnten wir hören, vernahmen wir das Herz der Mutter, wie es schlug. Jeder von ihrem Herzen kommende Laut war auf den Ton gestimmt: „Du mein liebes Kind. Du mein Schatz, mein Kleinod. Ich bin bei dir. So nah! Ich umgebe dich! Ich habe dich lieb!"

Herzschlag für Herzschlag Signale inniger Liebe.

Wir waren eins mit der Mutter, mit ihr verwoben, verschmolzen. Sie umgab uns von allen Seiten, hielt ihre Hand über uns. Es fehlte uns an nichts. Was wir benötigten, wurde uns zugeführt. Wir schwammen im Glück, schwebten in Geborgenheit. Mühelos wuchsen wir heran. Wir haben uns empfangen, mussten nichts dazutun. Alles an uns haben wir empfangen.

Dieses mühelose Empfangen! Das ist das Besondere unseres Daseins, das Eigene, Bezeichnende, Unverkennbare. Müheloses Empfangen wird später, wenn es zu einer Berührung des Menschen mit der frohen Botschaft Gottes kommt, wiederum das unverkennbare Zeichen sein:

„Wer das Reich Gottes nicht *empfängt* wie ein Kind, der wird nicht hineinkommen" (Markus 10,15). So hat es Jesus denen gesagt, denen das Geheimnis der Gotteskindschaft unbekannt war.

Was unsere Seele als Erstes erfuhr: „Ich bin geliebt. Das Dasein ist schön!"

Manche Menschen haben später Kenntnis davon bekommen, dass sie nicht gewollt waren. Das zu wissen belastet oft schwer. Es gibt jedoch eine Voraussetzung zur schönsten Therapie: „Haben mich meine Eltern auch nicht gewollt,

so bin ich doch ein Wunschkind der Ewigkeit!"
„Jeder Mensch ist ein Gedanke Gottes, der aus
der Ewigkeit in die Zeit getreten ist", schrieb
Hermann Bezzel.

Im Normalfall gilt, dass der neue Mensch heiß
erwartet wird, von Wärme umgeben und sehr geliebt.

Dann wurde der bergende Leib zu klein. Wir
bekamen eine bis dahin unbekannte Enge zu
spüren. Enge erzeugt Angst. Als wir aus der Geborgenheit, der sicheren Hülle hinausgestoßen
waren, hatten wir unsere erste erdrückende Erfahrung. Am Anfang, als wir das Licht der Welt
erblickten, stand ein Schrecken, ein Trennungs-
schmerz. Darum der gellende Schrei.

Kaum waren wir geboren, hatten wir schon
Enge erlebt und Angst.

Die Angst geht nun nie mehr ganz weg. Sie be-
gleitet uns wie eine ständige Hintergrundmusik.
Sie gehört zu unserem Dasein.

Am Anfang aber standen die Geborgenheit, die
Wärme, der liebevolle Herzschlag: „Ich habe dich
lieb!"

Wenn wir dann die Welt verlassen, wird es
noch einmal eng. Oft steht die Angst wieder da,
will nach uns greifen.

Wohl dem, der dann im Tiefsten unangreifbar
ist!

Das dürfen wir alle sein, unangreifbar, weil unzerstörbar. Weil wir es alle sein können, müssten wir keine Angst haben.

Wir alle haben wohl einmal erlebt, dass wir Angst hatten, die sich dann als unbegründet erwies. Da haben wir uns an den Kopf gefasst: „Warum habe ich mich bloß dermaßen gefürchtet?"

Ich ahne, dass es uns einst in der anderen, der ewigen Welt ähnlich ergehen wird. Da ist eine Behütung, für die ist die Geborgenheit im Mutterleib nur ein schwaches Abbild. Darauf kommen wir noch.

Zwischen Anfang und Ende des Lebens gibt es viele Ängste, die auf uns einwirken. Wie gehen wir damit um? Sollten wir vor Angst kopflos werden?

Nein, und nochmals nein! Was aber mache ich, wenn Ängste mich beherrschen? Es gibt davon ja leider genug.

Da ist die Angst vor dem Unglück, das über uns kommen kann, Angst vor dem Zerbrechen der Ehe, vor dem Tod eines geliebten Menschen, vor der Fehlentwicklung der Kinder, vor der Arbeitslosigkeit oder vor bestimmten Personen.

Viele haben übertriebene Angst vor Menschen. Das drückt sich dann in Sätzen aus wie: „Was denken die Leute?"

Es gibt Angst vor den Folgen böser Taten, die wir uns geleistet haben, Gewissensangst. Da ist die Angst vor Krankheit, vor Versagen im Beruf, Angst vor Vorgesetzten.

Vielen graut vor der Einsamkeit im Alter, sie fürchten das Sterben, den Tod. Manche haben auch Angst vor Gott.

Es gibt Leute, die werden so sehr von Ängsten geplagt, dass sie in angstfreien Momenten schon wieder Angst vor der Angst haben.

Statistiken weisen aus, dass Menschen mit 20 oder 30 heute vermehrt Panikattacken erleben. 70 % davon seien Frauen. Man nimmt allerdings an, dass diese Zahl nur dadurch zustande kommt, weil Frauen in solchen Dingen ehrlicher sind. Sie sind mutiger als Männer, mutiger, darüber zu reden.

Ich habe längst begriffen, dass wir Männer nicht beanspruchen können, das starke Geschlecht zu sein. Wir sind es nie gewesen, haben es nur geglaubt. Ich sehe, dass Frauen seelisch oft stabiler und stärker sind. Wenn ich mir manche Ehen anschaue, muss ich sagen: „Was ist er doch für ein Hampelmann, verheiratet mit einer Heldin!" Und wenn ich mich anschaue, wird mir auch ganz schlecht.

Albert Camus hat gesagt, das 20. Jahrhundert sei das Jahrhundert der Angst.

Jetzt, im 21 Jahrhundert, ist es nicht besser. Aberglauben, Wahrsagerei, Sektenwesen blühen auf dem Boden solcher Ängste, als lebten wir noch im Mittelalter. Viele treten auf anderen Wegen die Flucht an. Sie fliehen in den Rausch.

Alkoholabhängigkeit ist oft die Folge von Ängsten. Wir wollen das mit Barmherzigkeit sehen. Andere fliehen in die Arbeit, um sich abzulenken, um zu vergessen.

Die größten Angstmacher in unserer Wohlstandsgesellschaft sind weniger Existenz- als vielmehr Beziehungsängste. Wir befürchten, Ansehen und Wertschätzung anderer zu verlieren. Angst hat auch mit denen zu tun, die mit uns in einer engen Beziehung leben. Frau und Kinder oder den Ehemann möchte man nicht verlieren. Allein der Gedanke daran macht Angst.

Zu den Beziehungsängsten zählt die Befürchtung, nicht geliebt zu werden. Es ist, als suchten wir wieder nach der verlorenen Geborgenheit, in der wir einmal waren, wollen erneut verschmelzen, wollen eins sein mit Leuten, die wir lieb haben. Alles, was unsere Ursehnsucht bedroht, macht uns Angst.

Fragen Sie sich in der Stille selbst einmal: „Habe ich Angst? Habe ich viel Angst? Welche Ängste sind das?"

Es ist ratsam, weil hilfreich, die eigene Angst wahrzunehmen. Gestehen Sie sich mutig ein: „Ich habe Angst vor morgen, vor einer bevorstehenden Auseinandersetzung, vor einer Prüfung, vor einer Begegnung mit einem Menschen oder Angst vor den Folgen meines Tuns."

Mit Ängsten konfrontiert haben wir zwei Möglichkeiten: Wir können versuchen, vor ihnen zu fliehen, in die Arbeit, Ablenkung, wechselnde

Beziehungskisten. Manche verziehen sich ins Schneckenhaus des eigenen Ichs. Verdrängung aber ist keine angemessene Behandlung der Angst.

Die bessere Möglichkeit besteht darin, der Angst zu begegnen.

Als ich ein kleiner Junge war, wohnte uns gegenüber Familie Pepper. Sie besaß einen Dackel, und der hieß Fips.

Der war ein Ekel, kann ich Ihnen sagen. Für mich kleines Bürschlein war Fips ein Ungeheuer, schrecklich wie ein brüllender Löwe. Er kläffte mich dauernd an. Ich hatte Angst vor ihm, habe mich vor ihm immer nur verdrückt. Irgendwann aber hat es mir gereicht. Ich war wohl herangereift. Da habe ich mich umgedreht und zurückgekläfft: „Halt's Maul!", habe ich geschrien und bin mit meinen kleinen Fäusten auf ihn los.

Ich traute meinen Augen nicht: Fips drehte sich winselnd um, zog den Schwanz ein und haute ab. Den Schrecken hat er sich für sein Leben gemerkt. Er hat mich nie mehr widerlich angekläfft, nur noch ein wenig gebellt, freundlich und höflich. Wenn ich mich recht erinnere, hat er dabei sogar ein bisschen verlegen gelächelt. Das Ganze war für mich ein Urerlebnis.

Angst ist oftmals wie ein bellender Hund. Je mehr wir versuchen, vor ihr wegzurennen, umso intensiver folgt sie uns. Wenn wir uns dem, was uns erschrickt, mutig entgegenstellen, macht Angst vielfach Halt.

Wir müssen uns nicht allen Ängsten hingeben.

Gandhi hat gesagt: „Wenn du etwas wagst, wächst dein Mut. Wenn du zögerst, wächst deine Angst."

Es gibt Ängste, die organische Ursachen haben, Depressionsängste etc. Da bin ich kein Fachmann. Aber ich weiß, dass es Ängste gibt, die man nicht in sich hineinlassen muss. Ihnen soll man widerstehen. Die können und müssen wir anschreien und wegjagen.

Wir begegnen unseren Ängsten am besten dadurch, dass wir sie wahrnehmen und beim Namen nennen.

Ein anderes: Bleiben Sie mit Ihren Ängsten nicht allein! Wenn ich über meine Ängste sprechen kann, verlieren sie oft schon einen Teil ihrer Macht. Das Schlimmste ist, mit der Angst allein zu bleiben. Der Mut, sich jemandem zu offenbaren, wird belohnt.

Zu mir kommen gelegentlich Leute zum Gespräch. Sie sagen, was sie bedrückt, wovor sie Angst haben. Manchmal ist ihr Problem so kompliziert, dass ich keine Lösung weiß, sehe mich außerstande zu helfen. Wenn die Leute dann gehen, sagen sie oft mit festem Händedruck: „Danke, Sie haben mir sehr geholfen!" Ich hatte ihnen gar nicht geholfen. Sie hatten nur jemanden, dem sie etwas sagen konnten, und fühlten sich dadurch erleichtert. Solche Gelegenheiten sollten wir viel mehr nutzen. Dinge, die uns bedrücken und bedrängen, sollten wir aussprechen.

Bringen Sie Ihre verborgenen Ängste ans Licht! Damit brechen Sie die „magischen" Kräfte, die den Ängsten manchmal eigen sind. Sprechen Sie viel und oft mit jemandem darüber.

Wenn umgekehrt jemand mit Ihnen mehrmals über seine Ängste spricht, sagen Sie nie: „Du wiederholst dich. Das hast du mir schon dreimal gesagt." Lassen Sie es den anderen so lange sagen, bis er oder sie es nicht mehr sagen muss.

Im Darüber-Sprechen, im Verbalisieren – wie Psychologen es ausdrücken –, wird Angst in der Regel abgebaut.

Als ich elf Jahre alt war, habe ich Schreckliches erlebt. Mit meiner Mutter lebte ich sehr isoliert in einer kleinen Dachkammer. Da wurde Mutter – von unserer Umgebung unbemerkt – schwer krank. Sie hörte Stimmen, die mit ihr sprachen. Sie erzählte mir davon und fand das toll.

Eines Nachts riss sie mich aus dem Schlaf und sagte: „Komm, Klaus! Komm! Wir wollen sterben!" Sie griff mir an den Hals, wollte mir ans Leben. Ich wehrte mich, konnte mich losreißen und sprang die Treppe hinunter. Raus in die Nacht. Sie lief hinter mir her. Ich rannte, so schnell ich konnte. Sie kam näher. Ich vernahm schon ihren Atem. Dann gab sie endlich auf. Im Garten eines Nachbarn kauernd verbrachte ich die Nacht.

Ein halbes Jahr später starb meine Mutter in einer psychiatrischen Anstalt.

Lange habe ich mit niemanden über diese Ereignisse sprechen können. Mit 16 Jahren habe ich es endlich einem Freund gesagt. Dabei habe ich dermaßen gezittert, dass ich meine Gliedmaßen nicht in der Gewalt hatte. Als ich 18 war, habe ich es noch einmal jemandem gesagt. Wieder habe ich gezittert. Dann habe ich es noch öfter erzählt. Heute kann ich es ohne zu zittern sagen, eben weil ich es oft verbalisiert habe. Was muss meine kleine Seele sich verkrampft haben, Verkrampfungen, die ich mit mir schleppte! Solche Verkrampfungen lösen sich, wenn man darüber spricht. So habe ich es erlebt.

Vielleicht sind Sie eine einsame Schweigerin, ein einsamer Schweiger. Tun Sie es sich bitte nicht an, alles in sich zu vergraben! Haben Sie den Mut, Dinge, die Ihnen schwerfallen, auszusprechen. Dadurch entlasten Sie Ihre Seele.

Auch wenn Schuld auf Ihrer Seele lastet! Bitte schleppen Sie diese nicht jahrelang mit sich herum! Gehen Sie zu einem Seelsorger, zu einer Seelsorgerin, zu jemanden, der oder die von der Macht der Vergebung weiß und Ihnen Jesu Vergebung zuspricht. Dann kann Ihre Seele wieder atmen.

Seien Sie barmherzig mit sich selbst, mit Ihrer Seele!

Nun ist Angst zu haben nicht immer etwas Schlechtes.

Von Natur aus möchte ich mit meinem Auto am liebsten mit hundert Sachen durch die Landschaft fahren. Ich mache es nicht – aus Angst. Manche Ängste sind notwendig. Sie steuern unser Leben, halten unsere Unvernunft in Schranken. Wenn kleine Kinder gewisse Ängste nicht haben, müssen sie etwas erleiden, damit sie die notwendige Angst bekommen. Wir hatten früher einen großen Herd in der Küche. Unseren Martin habe ich gewarnt: „Die Herdplatte ist heiß!" Er aber wollte es trotzdem versuchen und hat schnell doch einmal drauf gefasst. Seitdem hat er es nie mehr getan.

Psychologen haben sich intensiv mit Ängsten auseinandergesetzt. Sie lehren, dass Angst zu unserem Leben gehört. Wenn jemand keine Angst hat, ist er nicht gesund. Aber wenn jemand zu viel Angst hat, ist er auch nicht gesund.

Nach dem Psychologen Fritz Riemann gibt es *vier Grundformen der Angst.*

1. Jeder Mensch ist einmalig, ein Individuum. Jeder ist unverwechselbar, von allen anderen

deutlich unterschieden. Damit erleben wir aber zugleich, dass wir in gewisser Weise isoliert sind, von den anderen abgesondert. Je mehr wir uns von anderen unterscheiden, umso einsamer werden wir. So kommt die Angst auf, nicht verstanden, abgelehnt, vielleicht sogar bekämpft zu werden. Individuum zu sein verursacht Einsamkeitsängste.

2. Wir sind einmalig und doch zugleich soziale Wesen. Wir sind zwar unteilbar und müssen uns doch mitteilen. Dadurch zieht Unsicherheit in unser Leben ein. Als Individuen sind wir herausgefordert, aus unserer Individualität herauszutreten. Sofort ist die Angst da: „In wieweit kann ich das? Kann ich dem anderen vertrauen? Wenn ich mich auf ihn einlasse, wird er mich unter Umständen verletzen?" Da haben wir die Beziehungsängste.

3. Die dritte Grundform der Angst: Wir sind auf Dauer angelegt, suchen stabilisierende Elemente für unser Dasein. Wir möchten bleiben! Wir möchten bleiben, wo wir sind und wer wir sind. Gleichzeitig wissen wir, dass in dieser Welt nichts von bleibender Dauer ist. Wir selbst sind es auch nicht. In uns liegt ein tiefes Bedürfnis nach Sicherheit. Wir möchten Gewissheiten. Berechenbar sollte alles sein. Das Leben jedoch ist unberechenbar. Die Hochhäuser der Versicherungsanstalten sind Beton gewordene Symbole unserer Unsicherheit. Wir sind auf Dauer angelegt, sind aber nicht von ewiger Dauer. Das verursacht Trennungsängste. Sobald wir Abschied von etwas oder von jemanden nehmen müssen, empfinden

wir Schmerzen. Jede Trennung ist immer auch ein kleines Stück Sterben. Wenn wir Trennungsschmerzen jedoch stets ausweichen, verweigern wir uns der notwendigen Lebensreife. So trennen sich manche oft bis ins hohe Alter hinein nicht von kindischem Verhalten, von schlechten Angewohnheiten, lieb gewordenen Untugenden, von Lieblingssünden.

4. Die vierte Grundform: Wir, die wir die Dauer ersehnen, sind gleichzeitig der Wandlung unterworfen und meistens auch zugeneigt. Wir möchten frei sein, dürfen nicht so bleiben, wie wir sind. Wir dürfen nicht Kind bleiben, nicht Teenager oder Twen, auch nicht mittelalterlich oder fünfzigjährig. Wir sind darauf angelegt, Veränderungen zu erfahren, Vertrautes aufzugeben, Traditionen und Gewohnheiten hinter uns zu lassen. Diese innere Strebung ist mit der Angst verbunden, durch Ordnungen, Notwendigkeiten, Regeln, Gesetze, Gewohnheiten, Vergangenheiten festgelegt zu werden. Das Gefühl, festgehalten zu sein, verursacht Angst. Trennungen bestimmen unser Leben. Nur wenn wir den Mut haben loszulassen, können wir reifen. Schon bei der Geburt muss ein Kind Trennung erleben. Ohne die Trennung von der Mutter würde es in der Mutter sterben. Wenn sich das erwachsene Kind nicht vom Elternhaus trennen will, ist etwas nicht in Ordnung.

Die Grundformen der Angst zeigen sich in kleineren, mittleren und großen Ängsten. Von einer mittleren Angst möchte ich Ihnen erzählen, die mich einmal geradezu neurotisch befallen hatte.

„Jeder hat sein Neuröschen", sagte mir Christa Meves, die weltweit bekannte Psychologin, die einmal mein Gemeindeglied in der St. Marien-Gemeinde in Uelzen in der Lüneburger Heide war.

Oft schon war ich mit dem Flugzeug geflogen. Eines Tages bekam ich dennoch Flugangst. Es gibt nichts Elenderes, als stundenlang in einem Düsenjet zu sitzen und den Gedanken zu haben: „Du kannst jeden Moment abstürzen!"

Ich will Ihnen erzählen, wie das kam:

Im Jahr 1973 hielt ich in den Vereinigten Staaten und in Kanada zwei Monate lang Vorträge in deutschsprachigen, lutherischen Gemeinden. In Milwaukee lernte ich William Treu kennen, einen amerikanischen Geschäftsmann deutscher Abstammung. William besaß ein Privatflugzeug. Das hatte nur einen Propeller. Als wir Zeit hatten, lud er mich ein und flog mit mir ein bisschen herum. Ein Sportflugzeug ist kein Jumbojet. In solchen kleinen Vögeln sind die Wände dünn. Im Flugwind fangen sie an zu flattern, als wären sie aus Papier. An einem Vormittag flog William mit mir über Chicago.

Genau ein Jahr später war wieder ein Sprung über den Großen Teich geplant. In der Nacht vor dem Abflug klingelt gegen zwei Uhr das Telefon. Die Schwester von William ist am Apparat und sagt: „Klaus, William ist mit seiner Maschine explodiert. William ist tot!" Mich packte ein tiefer Schreck. Erst wegen William und seiner Familie. Dann dachte ich: „Das ist nun die Kiste, in der wir zusammen geflogen sind! Wenn sie nun ein Jahr früher explodiert wäre ...? Eine Maschine kann also explodieren?"

Dieser Gedanke setzte sich in mir fest.

Ein paar Stunden später war ich auf dem Flughafen in Frankfurt. Da stand mein großer Vogel. Seine Größe beruhigte mich nicht. Wenn kleine explodieren können, dann auch große. So zog ich mir langsam meine Flugangst rein.

Nun kommt noch ein Umstand hinzu: Wir evangelischen Christen haben ein kleines Andachtsheft, das nennen wir die „Losungen". Wenn wir nicht viel Zeit haben, die Bibel zu lesen, schlagen wir die Losungen auf, ein kurzes Gotteswort für den Tag. Da ist immer ein Bibelwort aus dem Alten Testament *ausgelost* worden, dazu ein passendes aus dem Neuen Testament *ausgesucht*. In der Wartehalle lese ich – schon ein wenig die Angst im Nacken – das biblische Wort zum Tag. Ich hatte gehofft, da würde stehen: „Sei getrost und unverzagt! Ich halte dich fest!", oder so. Stattdessen lese ich: „Lehre uns bedenken, dass wir sterben müssen, auf dass wir klug werden" (Psalm 90,12).

Das war ja wohl nichts! Meine Augen flackern. Wird mich jetzt wenigstens der Lehrtext trösten? Da steht eiskalt: „Heute wirst du mit mir im Paradies sein!" (Lukas 23,43).

Ich rufe schnell noch meine Frau an. Auch sie hat die Losung schon gelesen: „Klaus, das ist doch kein Wort für einen Flug nach Amerika!"

„Du sagst es!", hauche ich zurück.

Nun hatte ich meine Flugangst.

Ich gebe zu, es war neuröschenhaft, eines gebildeten Erwachsenen sicher nicht würdig. Was half es, es war halt so. Es hat einige Zeit gedauert, bis das wegging. Ich hatte Angst bekommen, Angst vor dem Sterben, vor dem Tod.

Hinter den vier Grundformen der Angst verbirgt sich ebenfalls Todesangst. Wir leben nur *einmal*. Es gibt uns. Wir sind ein Kosmos aus Leib, Seele und Geist. Wie das alles aufeinander abgestimmt ist! Jeder von uns ist ein Wunderwerk. Wir sind, wie Riesmann sagt, seiende Wesen. Als solche seiende Wesen aber sind wir vom Nichtsein bedroht.

Zum anderen sind wir auch geistige Wesen. Geistige Wesen vermögen es, nach dem Sein und seinem Sinn zu fragen. Je mehr wir das tun, umso mehr fragen wir auch nach dem Sinn des Seins oder des Daseins.

Was ist in 25 Milliarden Jahren? Werden wir noch sein? *Wo* werden wir sein? Gibt es einen Sinn über unsere kurze Erden-Existenz hinaus?

Wir können den unheimlichen Gedanken denken, dass das Sein vielleicht gar keinen Sinn hat. Wir fühlen uns also nicht nur vom Tod be-droht, sondern auch von der Sinnlosigkeit.

Zudem sind wir auch noch sittliche Wesen. Wir wissen, dass wir auf dieser Welt nicht allein sind. Darum dürfen wir nicht alles tun, was wir zu tun im Stande sind. Wir müssen aufeinander Rücksicht nehmen. Weil wir miteinander leben, werden wir auch aneinander schuldig. Unsere Schuld ist wie ein Schatten, der uns verfolgt. Wenn sich Menschen streiten, können sie sich tief erregen. Jeder schiebt die Schuld auf andere, als dürfe man selbst um alles in der Welt nicht mit Schuld beladen werden.

Die Psychologen sagen, das liege an unserer Seele. Sie fühle sich vor ein unsichtbares Forum gestellt. Manche sagen, es sei das Forum der Gesellschaft, vor das wir uns gestellt sehen. Die Heilige Schrift sagt, es ist das Forum des ewigen Gerichts. Wir sind auf jeden Fall oft fanatisch da-rauf bedacht, Schuld abzuwälzen und auf andere zu schieben.

Das sind unsere Bedrohungen: Tod, Sinnlosig-keit und das unsichtbare Forum eines so oder so gearteten Gerichts.

Wenn doch diese Bedrohungen überwunden würden! Wenn es das gäbe, gäbe es echten Mut zum Sein. Dann wäre in dieser Welt – trotz aller Bedrohungen – begeisterte Daseinsfreude eine realistische Lebenshaltung.

Zu dieser Lebenshaltung haben wir allen Grund. Wir müssen den Tod nicht fürchten, weil er nicht unser Ende ist. Daraus ergibt sich, dass wir keiner Sinnlosigkeit ausgeliefert sind.

Wie aber ist es mit dem Gericht?

Ich habe einmal eine Frau besucht, die im Sterben lag. Und doch konnte sie nicht sterben. Jahre vorher hatte sie sich in Schuld verstrickt. Das schleppte sie nun durch ihr Leben. Bis auf dem Sterbebett quälte sie sich damit. Als ich bei ihr war, bekannte sie endlich alles. Ich sprach ihr im Namen Jesu, der doch für ihre Schuld ans Kreuz gegangen ist, die Vergebung des Ewigen zu. Zentnerlasten fielen ihr von der Seele. Fünfzehn Minuten später starb sie erlöst. Sie musste sich nicht mehr fürchten, war ihre Last losgeworden!

So sehr ich mich über ihr gutes Finale gefreut habe, war ich doch auch bekümmert. Die arme Frau hatte es nicht nötig gehabt, bis zum Sterbebett auf ihre Entlastung zu warten. Sie war lange Jahre unbarmherzig mit sich selbst gewesen. Wäre sie doch 20 Jahre früher zu einem seelsorgerlichen Menschen gegangen!

Wenn es mit Ihnen ähnlich ist, seien Sie mit sich barmherziger! Bringen Sie die Dinge, die Sie belasten, heraus! Wir sind sonst so clever. Für unseren Leib tun wir alles Mögliche. Leider vergessen wir, dass wir auch eine Seele haben. Wenn Sie etwas bedrückt, wenn Sie Angst haben, vielleicht Gewissensangst, dann tun Sie schnell alles, um das loszuwerden.

Lassen Sie uns von Kindern lernen!

Wir sind ähnlich dran, wie das Kind, von dem ich anfangs sprach.

Wir haben oft Angst, wie durch einen bösen Traum geschüttelt.

Was aber tut das Kind?

Es schreit nach der Mutter.

Das geschieht auf der ganzen Welt in allen Städten, Dörfern und Häusern, in denen kleine Kinder leben. Die Szene ereignet sich weltweit milliardenfach: Ein Kind schreit, und bald geht ein Lämpchen an. Sein warmer Schein verscheucht die Dunkelheit. Die Mutter tritt ans Bett, nimmt ihr Kind, legt beide Arme um das zitternde Geschöpf und sagt: „Ich bin da. Ich bin bei dir. Hab keine Angst. Alles ist gut!"

Ein paar Schluchzer noch, ein paar Tränen, und die Gespenster der Angst müssen weichen. „Ich bin da!", sagt die Mutter. „Jetzt ist alles gut!"

Wenn ein Kind das hört, gibt es sich zufrieden, wird still. Sein Vertrauen ist wiedergewonnen. Es wird ruhig und überlässt sich dem Schlaf. Die Mutter hatte doch gesagt: „Ich bin da!" Das lässt das Kind wahr sein. Es ist alles gut.

Hier beginnt für manche jedoch ein Problem.

Sie nehmen so etwas nicht einfach hin. Sie wägen ab, legen das Wort der Mutter auf die Goldwaage kritischer Erkenntnisse und stellen fest: Das Wort der Mutter stimmt nicht. Wenn sie sagt, es ist *alles* gut, geht dieser Zuspruch über diesen Augenblick hinaus. Nicht nur die kleine Angst des Kindes, alle Angst sei unbegründet, so behauptet die gute Frau. Das aber darf sie nicht behaupten. Es ist nicht alles gut. Die Welt, in der das Kind lebt, ist die Welt, in der es auch sterben wird. Am Ende ist nicht alles gut, sondern schlecht. Am Ende ist Grauen, Finsternis und Tod.

Belügt also die Mutter ihr Kind?[1]

Natürlich nicht in dieser Situation. Im Moment ist es ja auch gut.

Dennoch, wenn die Mutter sagt, es sei alles gut, geht sie über diese Situation hinaus. Sie hat gar nicht die Macht zu sagen, alles sei gut. Ihr gut gemeinter Trost vermag nicht alles zu umfangen.

Ist das Kind in seinem Vertrauen also getäuscht worden?

Ist das mütterliche Wort, auf die Goldwaage gelegt, Lügenwort?

Peter L. Berger[2] äußert sich so: „Belügt die Mutter das Kind? Nur wenn ein religiöses

---

1 Zum Folgenden siehe: Peter L. Berger: „Auf den Spuren der Engel - Die moderne Gesellschaft und die Wiederentdeckung der Transzendenz", Frankfurt a. Main, 1970, S. 82 ff.

2 Peter L. Berger war einer der renommiertesten und international bedeutendsten Soziologen der Nachkriegszeit.

Verständnis des menschlichen Daseins Wahrheit enthält, kann die Antwort aus vollem Herzen ‚Nein‘ lauten. Ist dagegen umgekehrt das ‚Natürliche‘ die einzige Wirklichkeit, so lügt die Mutter. Sie lügt zwar aus Liebe, und deshalb lügt sie auch wieder nicht. Nimmt man sie jedoch statt bei der Liebe beim Wort und analysiert es radikal, so ist, was sie sagt, eine Lüge. Warum? Weil der Trost, den sie gibt, über sie und ihr Kind, über die Zufälligkeit der Personen und der Situation hinausreicht und eine Behauptung über Wirklichkeit als solche enthält."

Hier vergaloppiert sich der Soziologe, indem er unsere vorfindliche Wirklichkeit als *die Wirklichkeit als solche* ansieht. Da spricht nicht sein Wissen, sondern sein Glaube. Genauso wie die christliche Wahrheit über die eigentliche, die Gotteswirklichkeit, natürlich ihrerseits Glaube ist.

Unter uns gibt es das „Buch der Bücher". Sein Anspruch lautet: Hier ergeht an uns Gottes Wort. Es beschreibt also die Wirklichkeit als solche! Das Buch ist voller heilsamer Sätze. Einer lautet: „Der Herr ist wahrhaftig auferstanden!" (Lukas 23,34).

Den Tod, den wir so fürchten, hat Christus besiegt. Wer sich auf seine Seite schlägt, gehört zu den ewigen Siegern. So versichert das Buch der Bücher.

Einige andere heilsame Sätze: Der Auferstandene sagt: *„Fürchtet euch nicht! Mir ist gegeben* *alle Gewalt im Himmel und auf Erden. Siehe, ich bin bei euch alle Tage bis an der Welt Ende!"* (Matthäus 28,10.18.20). Sie kennen das sicher irgendwie.

Zerren wir das Wort der Mutter auf die Goldwaage innerweltlicher Erkenntnis, dann auch die Worte der Bibel. Wie oft haben mir Leute, die es nie gelesen hatten, schwungvoll erklärt: „Das stimmt ja alles nicht."

Wie wollen die das wissen?

Der, der von sich sagt, dass er die Wahrheit sei, verspricht seinen Leuten: *„Ich bin bei euch!"* Vielleicht gibt es vorschnellen Skeptikern doch zu denken.

Eine mich sehr bewegende Entdeckung: Eingeweihte wissen, dass der Name Gottes eine überraschende Bedeutung hat.

Auf Hebräisch heißt er *„Jahwe"*. Das bedeutet: *„Ich bin da!"*

„Ich bin da!" ist der Name unseres Schöpfers!

Wenn also überall auf der Welt Mütter ihren Kindern Nacht für Nacht zuflüstern: „Ich bin da!", dann flüstern sie ihnen eigentlich den *Gottesnamen* zu. Das kann kein Zufall sein! Das hat Gott so gemacht! So muss selbst die Mutter, die Gott nicht kennt, ihrem Kind mit dem Namen Gottes Frieden bringen.

„Jahwe – Ich bin da!" Das ist der Name Gottes!

Gottes Name gilt nun aber auch für uns Erwachsene:

„Ich bin immer da. Ob es in deinem Leben drunter und drüber geht – ich bin da!

Ob du an mich glaubst oder nicht – ich bin da!

Ob du an mich denkst oder nicht – ich bin da!

Wenn du schläfst – ich bin da!

Wenn du wach bist – ich bin da!

Tust du Gutes – ich bin da!

Tust du Schlechtes – ich bin da!"

„Ich bin da!" Das ist der Name Gottes.

Auf Gottes „Ich bin da!" sagen viele trotzig: „Wo ist er denn?"

Wenn er sagt: „Es ist alles gut", erheben wir Einspruch: „Seht nur das vergangene Jahrhundert. Was ist da eigentlich gut? Grausame Kriege sprechen eine andere Sprache. Und die Gegenwart – was sagt uns die bedrohte Natur?

Ist also auch das Buch, das behauptet, *Wort Gottes* zu sein, nicht wahr, wie das Wort der Mutter nicht wahr ist?

Wird hier die Welt belogen, wie ja auch eine Mutter ihr Kind belügt, wenn sie sagt: „Es ist alles gut"?

Lügt die Mutter wirklich? Wenn aller Welt bewiesen würde, dass die Mutter mit ihrem Trost unrecht hat, wenn man in klugen Vorträgen alle

Mütter der Welt darüber aufklären würde, dass sie etwas sagen, was sie gar nicht sagen können – was wäre dann? Würde auch nur eine Mutter, wenn ihr Kind nachts schreit, sagen: „Du tust recht daran, mein Kind! Schrei! Die Welt und alles ist schlecht. Man kann nur schreien! Schrei!"?

Niemals! „Es ist alles gut!", würde sie sagen. „Ich bin da!", würde sie sagen. Sie würde bei aller Aufgeklärtheit nicht davon ablassen, ihrem Kind dieses „Ich bin da!" immer wieder ins Ohr und damit in die Seele zu flüstern.

Was ist es, das die Mutter dazu bringt, zu sagen: „Es ist alles gut!"?

Ist es die Liebe zu ihrem Kind? Das könnte wohl sein, aber wer deutet uns die Liebe der Mutter zum Kind?

Peter L. Berger sagt, der Zuspruch der Mutter sei nicht einfach eines unter vielen anderen Worten unter uns Menschen. Das „Es ist alles gut" sei das Wort, das so etwas wie eine Lebensgrundlage für Menschen legt. Die Zuwendung, die in dem Satz gipfelt „Es ist alles gut", ist für den Prozess der Personwerdung des Kindes absolut notwendig. Es kann nicht Mensch werden ohne solche Zusagen. Das Erlebnis der Geborgenheit bewirkt ein Grundvertrauen, das ein Kind überhaupt erst lebensfähig macht.

Die Rolle, die Eltern durch solche Worte im Leben ihrer Kinder einnehmen, sei die Rolle von Hohen Priestern.[3] „Es ist alles gut. Ich bin da!"

---

3   A. a. O.: S. 83.

Ich glaube zutiefst: Das ist nicht Mutterinstinkt allein, der die Mutter so etwas sagen lässt. Das Wort der Mutter vermittelt die Wirklichkeit und Wahrheit, die Leben ermöglicht. Hier ist keine Lüge aus Liebe. Hier winkt Heilsames aus der ewigen Welt zu uns herein. Solche Worte der Mutter legen Lebensgrundlagen für Zeit und Ewigkeit, stiften Urvertrauen.

Einer der Hauptsätze der Heiligen Schrift lautet: „Fürchte dich nicht!"

Das ist kein Zufall. Wenn Menschen schon durch ihr Wort so viel ausrichten können, dass es zur Lebensgrundlage für andere wird – um wie viel mehr schafft das Wort des Auferstandenen eine ewige Grundlage für die ganze Welt.

Wissen Sie, was Sie brauchen?

So wie Ihre kleine Seele einmal das Wort Ihrer Mutter brauchte, so braucht Ihre herangewachsene Seele das Wort Ihres Schöpfers, des ewigen Gottes. Damit sich Ihre Seele bergen kann in dem göttlichen „Ich bin da!"

Noch etwas Bewegendes: Das Wort der Mutter geht so tief in das Wesen des Kindes ein, dass es nie mehr davon loskommt. Wenn z. B. das Kind ein Mann ist und in den Krieg ziehen muss, wenn dann die Bomben fallen, die Granaten explodieren – was tut der Mann?

In letzter Not schreit er nach seiner Mutter!

Wonach schreit er da?

Er schreit nach der Geborgenheit, aus der er kommt. Er lechzt nach dem „Ich bin da!" Das braucht er jetzt!

Genauer: *Den* braucht er jetzt! Nicht nur jetzt! Den braucht er *immer!*

Sind Sie ein erwachsener Mann, eine erwachsene Frau?

Erkennen Sie doch bitte, wen Sie brauchen!

Gehen wir in Gedanken in den Krieg zurück, wo die Granaten explodieren. Oft wurde gesagt, die Liebesmacht der Mutter reiche bis in den Schützengraben.

Ach, nein! Nur die heiße Erinnerung reicht bis in den Krieg, die glühende Sehnsucht nach dem helfenden Wort. Der Schrei ist der gleiche wie eh und je. Aber er wird nicht gehört. Die Mutter ist weit, weit weg. Geborgenheit ist weit weg. Die Finsternis ist die gleiche wie eh und je. Aber es geht kein Licht an. Auch die Angst ist die gleiche. Aber die Mutter nimmt ihr Kind nicht und sagt nicht: „Hab keine Angst. Ich bin da. Es ist alles gut!"

Was ist geschehen?

Wir sind aus dem Paradies der Kindheit ausgewandert. Nun leben wir in der Fremde. Da ist es oft wie im Krieg. Oft wird scharf geschossen. Menschen fühlen sich angegriffen und haben darum Angst.

Viele fürchten das Alter, spüren, wie die Kräfte sich entziehen, wie sie matt werden und schwach.

Da kommen dann die Gespenster der Angst, wollen den Menschen in ihre Gewalt zwingen.

Wer sagt uns da: „Hab keine Angst. Ich bin da. Es ist alles gut!"?

Ich bin versucht zu sagen: „Es ist zu schön, um wahr zu sein!" Das Gotteswort sagt es uns: „Ich bin bei euch. Ich bin da!" Jesus Christus spricht: „In der Welt habt ihr Angst, aber seid getrost, ich habe die Welt überwunden!" (Johannes 16,33).

Er, der das sagt, ist in dem Krieg gewesen, den die Hölle ihm bereitet hat. Da hat er am Kreuz geschrien: „Mein Gott, mein Gott, warum hast du mich verlassen?" (Matthäus 27,46). Kein warmes Licht leuchtete ihm dort. Keine liebende Hand legte sich auf ihn. In der schwersten Stunde seines Lebens hat er nach dem himmlischen Vater geschrien, nach dem Gott, der mütterlich für ihn sorgt, und keine Antwort gefunden. Gott hat ihn – so mutet es an – in eine schreckliche Verlassenheit gestoßen.

Ich kann es nur mit Zittern sagen: Es war *meine* Gottverlassenheit und *Ihre und die der ganzen Welt*. Die hat er am Kreuz auf sich genommen, damit wir nie mehr von Gott verlassen werden. *„Aber er ist um unsrer Missetat willen verwundet und um unsrer Sünde willen zerschlagen. Die Strafe liegt auf ihm, auf dass wir Frieden hätten, und durch seine Wunden sind wir geheilt"* (Jesaja 53,5).

Aber dann, als er unsere Hölle hinter sich hat, tönt es uns am Ostermorgen entgegen: *„Der Herr ist auferstanden!"*

Der Auferstandene sagt unserer Welt das Wort des Lebens: „Fürchtet euch nicht. Ich bin bei euch!"

Dieses Freudengeflüster geht seitdem durch die Welt. Immer wieder wollen Menschen es hören, immer wieder müssen sie es hören: *„Mir ist alle Vollmacht gegeben im Himmel und auf Erden. Ich bin da! Bei euch! Alle Tage! Bis zur Vollendung der Welt!"*

In unsere Finsternis hinein wird uns gegen den Augenschein versprochen: „Es ist alles gut!" Das ist die seit Ostern proklamierte Wahrheit.

Darum lügt eine Mutter nicht, wenn sie ihrem Kind die starken Lebensworte sagt. Auch wenn sie nicht weiß, in welch tiefer Weise ihr Wort wahr ist, *hält sie dem Kind eine Osterpredigt!* Darum stellt sich bei ihrem Kind Friede ein, Geborgenheit. Es hat ja – wenn auch unbewusst – den Namen vernommen, der über alle Namen ist: „Ich bin da!"

Wollen Sie sich nicht auch bergen in Gottes Geborgenheit?

Wollen Sie sich ihm nicht anvertrauen?

Es ist alles gut! Ich darf still werden, auch wenn der Lärm des Lebens tobt. Ich darf ruhig werden, auch wenn unruhige Fluten mich umspülen. Wir dürfen furchtlos werden, auch wenn uns manches noch erschrecken will.

Jesus Christus spricht: „Ich bin da! Es ist alles gut!"

Was werden Sie nun machen?

Ich kann Ihnen nicht sagen: „Werden Sie Christ, dann haben Sie nie mehr Angst." Jesus sagt: „In der Welt habt ihr Angst" (Johannes 16,33). Er sagt aber auch: „Ich habe die Welt, in der ihr Angst habt, überwunden."

Obwohl ich Christ bin, weiß ich, was Angst ist. Wer Kinder und Enkelkinder, auch Urenkel hat, hat Angst, dass ihnen Böses widerfährt. Wer verheiratet ist, hat Angst, dass dem anderen etwas zustößt. Dennoch, tief unter allen Ängsten meines Lebens weiß ich seine barmherzigen Hände.

Dieses Wissen hat auch meine Flugangst überwunden.

Das war so: Es haben welche mit mir gebetet. Manchmal ist das Gebet des Einzelnen zu schwach. Die beiden, zu denen ich gegangen bin, haben zu unserem Vater im Himmel gesagt: „Herr Jesus, nimm ihm diese Angst. Und du, Angst, verlass seine Seele!"

Das war ein befreiendes Gebet für mich. Das hat sich in meine Seele geschrieben.

Vielleicht brauchen Sie das auch. Meine Seele hat es gebraucht, an der neurotischen Stelle meines Lebens. Eines meiner angsterregenden „Neuröschen" wurde mir da genommen. Wenn ich heute fliege, kann ich nur sagen: Es gibt kein weicheres Polster als die zarte und doch so stabile Luft, auf die sich die Flügel eines Flugzeugs legen. So sanft.

Ich beabsichtige, in Zukunft noch öfter zu fliegen. Sollte ich doch irgendwann abstürzen, dann dürfen Sie wissen, dass ich in Gottes Händen gelandet bin.

In seinen Händen dürfen Sie auch landen, für Zeit und Ewigkeit darinnen geborgen sein.

Wie ist das mit Gewissheit möglich?

Um das zu beantworten, muss ich Ihnen eine sehr persönliche Frage stellen: Möchten Sie mit Jesus Christus leben, sterben und auferstehen?

Wenn Sie dazu „Ja!" sagen können, hat Gottes Geist bereits an Ihrem inneren Menschen mächtig gewirkt. Ohne sein Wort und das Wirken seines Geistes könnten Sie solch einen Wunsch nicht haben. Der natürliche Mensch begreift nämlich nichts von Gottes Geist.

Wenn Sie nicht gewiss sind, ob Sie zu Christus gehören, und es doch gern möchten, dann können Sie sich an ihn wenden. Sie können Ihr Leben in seine Hände legen. Er lässt Sie nie mehr los. Das ist versprochen!

Wie geht das praktisch?

Wir können nicht nur *über* Jesus Christus reden, wir können auch *mit* ihm reden. Tun Sie es doch!

Wenn Sie möchten, tun Sie es mit den Worten des folgenden Gebets. Lesen Sie es zuerst. Wenn Sie dem von Herzen zustimmen können, machen Sie es zu Ihrem Gebet, indem Sie lesend beten:

„Lieber Herr Jesus Christus,
in allen meinen Ängsten bist du da,
hier bei mir,
wo immer ich bin und sein werde.
Mit dir will ich leben,
und wenn ich sterbe, darf ich wissen,
dass du auch da bei mir bist.
Du bist für alle Menschen – auch für mich –
ans Kreuz gegangen. Danke!
Von Herzen bitte ich dich:
Vergib mir alle Verfehlungen meines Lebens!
Bitte komm in mein Leben hinein!
Durch deine Kraft werde ich
zum ewigen Leben auferstehen.
Nimm mich in deine Hände,
die mich nie mehr loslassen.
Du hältst mich auch dann noch fest,
wenn ich im Glauben müde werde.
Danke, lieber Herr!
Nun kann ich befreit und fröhlich leben und
auch in Ewigkeit frei von allen Lasten sein!
In den Ängsten und Sorgen meines Lebens
bist du bei mir,
führst mich durch alle dunklen Täler.
Bewahre mir den Glauben,
den du mir geschenkt hast!

Für meine Mitmenschen
lass mich ein Segen sein!
Danke, dass ich dir auf ewig gehöre! Amen.

Solch ein Gebet der Lebenshingabe freut Gott und ist für uns, die es gebetet haben, wichtig. Als Gemeindepfarrer habe ich an Sterbebetten gesessen und erlebt, wie angstfrei und friedvoll Menschen in der Gewissheit sterben konnten, zum himmlischen Vater zu gehen.

Für uns, die wir noch leben, ist es wichtig, eine geistlich lebendige und fröhliche Gemeinde zu finden. Da vertieft sich der Glaube, wird gestärkt und dadurch wichtig für andere Leute.

Gottes Liebe und unser Herz

Im Jahre 1968 war ich in Prag, der Hauptstadt der Tschechischen Republik. Die Russen und andere Truppen der Warschauer-Pakt-Staaten waren zwei Monate zuvor eingefallen und hatten das Land besetzt.

An einem Abend übernachtete ich dort und ging in ein Konzert. Man spielt Mozart – gemäßigter Beifall.

Man spielt Dvořák – gemäßigter Beifall. Dann Folklore.

Eine Frau tritt auf und singt das damals bekannte deutsche Lied auf Tschechisch und Deutsch: „Morgen, morgen, lacht uns wieder das Glück!"

Die Frau steht da, singt, nein, schmettert dieses Lied in den Konzertsaal! Die verhassten Russen quälten das Land. Die Menschen fühlten sich geknebelt.

Und nun: „Morgen, morgen, lacht uns wieder das Glück!"

Eine Explosion der Begeisterung! Diese Sängerin und dieses Lied! Die Menschen erheben sich, dann stellen sie sich auf ihre Sitze, singen und klatschen mit: „Morgen, morgen, lacht uns wieder das Glück!"

Lacht es uns wirklich?

Ja, den Tschechen lacht es wieder. Von den Russen jedenfalls sind sie befreit.

Wie aber ist es mit dem Morgen unserer Welt?

Man hat dieses „Morgen" wissenschaftlich erforscht.

Die Zukunft unseres Planeten.

Die wissenschaftliche Beschäftigung mit der Zukunft entwirft ein finsteres Bild. In den Ergebnissen der Futurologen, der Zukunftsforscher, wird uns ein Grauen präsentiert, das nur schwer in unsere Gehirnwindungen eingeht. Man spricht nicht mehr von *Gesellschaftsanalyse*, sondern von *Gesellschaftsdiagnose*. *Diagnostiziert* werden bekanntlich Krankheiten. *Gesellschaftsdiagnose* besagt, dass wir es mit einem schwer kranken Patienten zu tun haben: *der menschlichen Gesellschaft*.

In 50 Jahren, so sagen die Naturwissenschaftler, wird unsere Welt überbevölkert sein. In 50 Jahren sind wir von einer Welt-Hungersnot grausam geplagt. In 50 Jahren wird die Überschwemmung der Natur mit Chemikalien unseren Lebensraum vergiftet haben. In 50 Jahren wird die Menschheit der biologischen Schäden am eigenen Leib nicht mehr Herr werden.

Warum?

Man sagt, der Mensch lebt heute in einer Zwickmühle, aus der wir keinen Ausweg sehen. Die Zwickmühle sieht folgendermaßen aus: Die Systeme unserer technisierten Welt können nicht mehr abgebaut werden ohne verheerende Katastrophen. Aber diese gleichen Systeme führen uns nun wiederum unweigerlich verheerenden Katastrophen entgegen. Man kann auf die Technik nicht mehr verzichten, aber diese Technik, auf die wir nicht mehr verzichten können, macht uns langsam aber sicher kaputt.

Das heißt, um leben zu können, braucht die Menschheit eine durchtechnisierte, künstliche Welt. Diese künstliche Welt aber zerstört die natürlichen Lebensbedingungen. Das ist das Problem.

Wir sind in eine Zwickmühle geraten.

Wir sehen das Wunder der Biodiversität, der Lebensvielfalt, der Vielfalt der Arten. Dieser Lebensvielfalt fügen wir leider schweren Schaden zu. Wir beginnen jetzt erst, das Ausmaß unserer Unkenntnis zu verstehen. Die schweren Unwetter mit den Wassermengen, die sich auf ganze Landstriche ergießen, sprechen eine angsterregende Sprache.

Eigentlich ist noch jede Generation mit dem Vorsatz angetreten: *Wir werden es besser machen!* Wir brauchen endlich eine bessere Welt.

Aber dann ist es aufs Ganze gesehen doch nicht besser geworden. Meistens wurde es schlechter. Heute sind wir an einem Punkt angelangt, wo wir sagen müssen: Es ist absehbar, dass unsere Welt einem großen Kollaps entgegengeht.

Und nun das Seltsame: Es ist nicht so, dass wir Menschen alles falsch gemacht hätten. Das Seltsame ist, man hat vieles richtig gemacht. Viele Generationen haben gearbeitet, haben sich gemüht, haben sich eingesetzt und viele gute Dinge zustande gebracht. Und das war richtig. Und doch wachsen uns die Dinge über den Kopf. Wir werden der Probleme nicht mehr Herr, die uns die richtigen Dinge bescheren.

Die Menschheitsprobleme wachsen in einem Ausmaß auf uns zu, dass wir sie kaum noch bewältigen können. Krieg, Überbevölkerung, Hunger, Umweltverschmutzung, Raubbau der Natur – das alles wird immer bedrängender.

Jetzt müsste man fragen: *Was haben wir Menschen eigentlich Böses getan?*

Wir haben in den letzten Jahrhunderten tolle Erfindungen gemacht. Das war doch richtig! Wir haben uns emporgearbeitet. Das war doch richtig! Wirtschaft, Technik, all das wurde hoch entwickelt, und das war doch richtig!

Seltsam. Am Ende aller Richtigkeiten steht die Katastrophe. Die Weltkatastrophe kommt am

Horizont unserer Richtigkeit wie ein Gespenst auf uns zu.

Warum ergibt die Summe aller Richtigkeiten nicht eine heile Welt?

Da ist eine intelligente, geistbegabte Menschheit durch die Jahrtausende unterwegs. Wie viel großartige Menschen hat es gegeben! Ihre Namen glänzen wie Sterne am Firmament der Weltgeschichte. Aber auch die vielen kleinen Leute wie wir, sie sind ja auch nicht totale Versager. Und jeder Einzelne hält sich für anständig, charaktervoll, gut. Man müht sich doch.

Warum dann eine kaputte Welt?

Alles geht wie von unsichtbarer Hand geschoben auf Zerstörung hinaus.

Was ist das? Warum gerät alles aus den Fugen? Warum haben wir eine kaputte Welt? Wir stehen vor einem Rätsel, einem abgründigen Geheimnis.

Natürlich haben wir uns mit diesen Phänomenen längst wissenschaftlich beschäftigt. Verhaltensforscher haben interessante Einzelheiten über uns Menschen in Erfahrung gebracht. Die Psychologen, Soziologen, die Zukunftsforscher, auch die theoretischen Physiker werden bemüht, sie alle beschäftigen sich mit den Ursachen der auf uns zukommenden Katastrophen.

Man hat natürlich auch Fehler gefunden.

Zum Beispiel gibt es das sogenannte *partikularistische Denken.*

Das ist das Denken, das die Dinge zu isoliert betrachtet. Unsere Welt ist ein vernetztes System. Da hängt eines am anderen. Wenn du an der einen Seite des Netzes ziehst, kann es sein, dass du an der anderen Seite etwas zerstörst. Wer nur eine Seite sieht und behandelt und nicht damit rechnet, dass auf der anderen Seite dadurch etwas kaputt geht, der ist in seinem Tun nicht zu stoppen.

Wer nur den kleinen Ausschnitt kennt, den er vor Augen hat, nicht an das Ganze denkt, der macht sich des engen, partikularistischen Denkens schuldig.

So haben wir wohl auch in unserem persönlichen Leben Dinge getan in der guten Meinung, dass das in Ordnung war, und haben nicht gewusst, was wir da angerichtet haben.

Es kann sein, dass Ihnen Ihre Tochter etwas von früher erzählt, als Sie ihr gedankenlos irgendetwas gesagt haben. Das hat ihr Kind derart verletzt, dass es das als 30-Jährige noch weiß. So ist es mir passiert.

Gedankenlosigkeit auf das Ganze unserer Natur angewendet kann bedeuten, dass wir etwas machen, was gut aussieht, aber Entsetzliches auslöst. Wer hätte gedacht, als die ersten Autos erfunden wurden, dass sie uns und unserer Umwelt zum Verhängnis werden können? Nicht die Autos an sich sind das Problem – die steigende Summe der Autos mit ihren Auspuffgasen ist das Problem.

Ich bin in den USA gewesen, in der Stadt der Engel. Der Name Los Angeles kommt ursprünglich aus dem Spanischen und bedeutet: *die Engel*. Eine himmlische Stadt, müsste man meinen. In Wirklichkeit ist das eine kleine Hölle. Ich fuhr an einem frühen Morgen hinein. Berufsverkehr! Da gibt es sechsspurige Autobahnen, und davon mehrere nebeneinander. Eine Abgas-Lawine durchzieht die Stadt. Noch 250 km von Los Angeles entfernt stank es nach den Abgasen.

Als wir anfingen, den Weltraum zu betreten, machten wir Fotos von unserer Erde. Die Erde ist ein blauer Planet! Wow! Wunderschön!

Ich habe gelesen: Wenn man jetzt Aufnahmen der Erde mache, sei sie nicht mehr wirklich blau, eher grau.

Man macht etwas und fragt nicht, was langfristig daraus wird. Wir haben Rohstoffe vergeudet, weil wir dachten, dass sie immer zu Verfügung stünden. Aber das tun sie nicht.

Wir haben Fehler gemacht.

Das alles reicht jedoch zur Erklärung des Desasters nicht aus.

Was ist der Zerstörungsfaktor?

Man hat den Zerstörungsfaktor gefunden. Man kann ihn nicht abstellen. Ich habe ein Foto gesehen: Deutsche Soldaten führten eine Gruppe von Frauen, Männern und Kindern hinein in ein KZ. Ein schreckliches Bild. Die bangenden Kindergesichter, und unter diesem schrecklichen Bild stand der Satz:

„Die größte Naturkatastrophe ist der Mensch."

Das deckt sich präzise mit den Ergebnissen der Ursachenforscher.

Ossip K. Flechtheim, einer der führenden Futurologen, schreibt: „Die Futurologie muss fünf Herausforderungen, die die Menschheit bedrohen, verantworten.

1. Die Zukunftsforschung muss einen Beitrag leisten zur Eliminierung des Krieges und Institutionalisierung des Friedens.

2. Die Zukunftsforschung muss einen Beitrag leisten zur Beseitigung von Hunger und Elend in der Dritten Welt und zur Stabilisierung der Bevölkerungszahl.

3. Die Zukunftsforschung muss einen Beitrag leisten zur Beendigung des Raubbaus der Natur, zu ihrem Schutz.

4. Die Zukunftsforschung muss einen Beitrag leisten zum Schutz des Menschen vor sich selbst. Es muss Menschen geben, die die Menschen vor sich selber schützen.

Nur: Die den Menschen schützen, sind wiederum Menschen, vor denen wir ja nun gerade geschützt werden sollten.

5. Die Zukunftsforschung muss einen Beitrag leisten zum Abbau von Entleerung und Entfremdung und zur Schaffung eines neuen kreativen homo humanus."[4]

---

4 Flechtheim, „Futurologie: Der Kampf um die Zukunft", Fischer, 1972, S. 8.

Einen Beitrag zur Schaffung eines neuen menschlichen Menschen!

Das alles heißt: *Der Zerstörungsfaktor ist der Mensch.* Wir brauchen einen neuen Menschen. Das Problem: Den alten Menschen kann man nicht abstellen. Diesen Zerstörungsfaktor kann man nicht beseitigen. Wir brauchen einen neuen menschlichen Menschen. Das Problem ist der Mensch.

Als man Albert Einstein die Nachricht der Entwicklung der Atombombe überbrachte, sagte er: „Das Problem ist nicht die Bombe, das Problem ist das menschliche Herz."

Das war die große Ernüchterung des letzten Jahrhunderts und Jahrtausends. Von der zerstörten Welt müssen wir auf einen zerstörten Menschen schließen.

Alle Untersuchungen ergeben: Die großen Weltprobleme haben ihre Ursache im Menschen.

Im Geist des Menschen haben die Probleme und Nöte ihren Ort.

Tief im Menschen liegt das Problem. Wir nennen das manchmal seinen Charakter, sein Wesen.

Die Bibel nennt es sein *Herz.* Hier sitzt der Störfaktor, im Herzen des Menschen. Die Zerstörungen sind Werke von unserer Hand.

Was ist mit dem Menschen?

Jede Generation hat es besser machen wollen.

Die Kommunisten! Wer sich mit der Geschichte des Kommunismus befasst hat, weiß, sie meinten es anfangs nur gut. Die traten doch nicht an, um nach 70 Jahren eine heruntergekommene Sowjetunion zu hinterlassen. Sie meinten es gut und verursachten unendlich viel Leid und Umweltzerstörung. Aber sie waren angetreten mit dem wissenschaftlichen Materialismus. Das war wissenschaftlich und hochdurchdacht.

Die Nationalsozialisten, die meinten es anfangs ebenfalls gut. Lesen Sie einmal die Urschriften. Lesen Sie, was die sich vorgestellt hatten und was einige noch beim Nürnberger Prozess sagten, was sie Gutes gewollt und wie edel sie es gemeint hatten. Da kann man nicht einfach sagen: Sie sind angetreten, um die Welt kaputt zu machen.

Oder die neue Linke, die in den 60er-Jahren aufkam. Haben Sie einmal gelesen, was die geschrieben haben? Da kommen Ihnen vor Begeisterung die Tränen, wie gut die es meinten. Den alten, maroden Kommunismus wollten sie nicht mehr. Sie meinten es gut, und daraus wurde schrecklichster Baader-Meinhof-Terrorismus.

Was ist das mit uns Menschen?

In der Menschheit tickt eine Zeitbombe. Das ist das menschliche Herz.

Diese Zeitbombe tickt unserer Zerstörung entgegen.

Wie zerstört ist der Mensch wirklich?

Diese Frage bekommt heute eine ungeheure Schärfe und Dichte.

Wenn wir das Ausmaß einer Zerstörung nicht erkennen, dann setzen unsere Heilungs- und Restaurierungsversuche immer zu flach an. Die meisten wissenschaftlichen Arbeiten, wenn sie auf den Menschen zu sprechen kommen, wissen viel zu sagen, auch was der Mensch tun müsste, was anders werden müsste.

Aber sie dringen nicht bis zum Kern vor. An einer Stelle verstummen sie alle, wenn es darum geht, *wie* denn die Änderung des Menschen geschehen könnte.

Wie könnte der Mensch geändert werden?

Groß ist die Verlegenheit der Denker. Ist der Mensch unter Umständen zerstörter, als wir glauben?

Einen Wissenschaftler gibt es, der versucht zu antworten.

Georg Picht meint, es müsse so weit kommen, dass dem Menschen das Wasser bis zum Hals steht. Dann würde ihn die Angst packen. So käme der Mensch zu einem *qualitativen Sprung*, zu einer höheren Qualität.

Wir wissen aber: Angst ist ein schlechter Ratgeber.

Seltsam ist, dass alle ein *Patentrezept* haben. Wir wissen, wie es besser werden könnte. Eigentlich weiß jeder Bescheid. Die Lösung, die wir anbieten, ist so aufregend wie einfach. Patentrezept: *Die anderen müssen sich ändern!*

Die Politiker müssen sich ändern. Die Wissenschaftler.

Wir singen das Lied von der Änderung des Menschen. Jede Demonstration singt das Lied von der Änderung des Menschen. Jeder Protest, jede Anklage, jeder Vorwurf, alles singt das Lied von der Änderung des Menschen. Es hat nur eine Strophe: *Wenn die anderen anders wären ... Aber weil die anderen sich nicht ändern, darum bleibt alles unverändert. Schuld haben die anderen.*

Wenn wir fragen: Wie zerstört ist der Mensch?, dann ist das zugleich die Frage: *Wie zerstört bin ich? Wie zerstört sind Sie?* Können Sie das denken, dass Sie vielleicht auch zerstört sind?

Können Sie das denken, dass in Ihnen Abgründe sind, dass tief in Ihnen Zerstörungskräfte auf der Lauer liegen? Wenn diese Zerstörungskräfte zusammenfließen in einer Massengesellschaft, da braut sich Entsetzliches zusammen.

Die Zerstörung des Menschen sitzt im menschlichen Geist.

Der menschliche Geist ist ein Phänomen. Wir können uns selbst wahrnehmen. Wir können mehr denken, als wir selbst sind. Wir können über uns hinausdenken. Wir können auch abstrakt denken.

Abstractus, das ist Lateinisch und heißt *abgezogen,* vom Dinglichen gelöst, begrifflich nur gedacht, unwirklich. Abstraktes Denken ist ein Denkvorgang, zu dem Tiere nicht fähig sind.

Abstraktes Denken kleidet Vorgänge unter uns Menschen in Begriffe, in abstrakte Begriffe, hinter denen man sich verstecken kann.

Wir sprechen zum Beispiel von *der Politik*. Das ist abstraktes Denken.

Die Politik gibt es gar nicht.

Gibt es Politik als solche, losgelöst vom Menschen? Nein, *Politik* ist ein Begriff, der vom konkreten Handeln konkreter Menschen abgezogen ist. Es gibt immer nur Menschen, die politisch handeln, gut oder schlecht.

Stellen Sie sich einen leeren Raum vor. Niemand ist drin. Wenn niemand da drin ist, dann gibt es in diesem Raum auch keine Politik. Schicke ich jetzt aber zwei Menschen in diesen Raum, dann gehen die miteinander um. Einer gibt dem anderen vielleicht ein Stück Brot. Das ist eine soziale Tat, ein politischer Vorgang. Politik aber als zeitloser, vom konkreten Handeln konkreter Menschen gelöster Begriff gibt es nicht.

Abstraktes Denken tut so, als gäbe es Politik abgesehen vom Menschen. *Der konkrete Mensch gerät aus dem Blickfeld.* Er wird gewissermaßen gedanklich beseitigt.

Auf den ersten Seiten der Bibel kommt jemand vor, der heißt *Mensch*. Hebräisch: *Adam*. Adam war nicht nur ein Mensch wie du und ich, ein gewisser Adam Schulze. In Adam geht es um mehr, um uns Menschen schlechthin, um die Menschheit. Sofern Sie ein Mensch sind, geht es um Sie.

Dann wird uns gesagt, er habe im Garten Eden gelebt. *Garten Eden* bedeutet auch: in der Nähe Gottes. Der Mensch lebt in Tuchfühlung mit seinem Schöpfer. Gott meint es gut mit ihm und gibt ihm große Freiheit. Weil aber Freiheit keine Freiheit mehr ist, wenn es nicht irgendwo Grenzen gibt, setzt Gott ihm *eine* Grenze. Das ist der eine Baum der Erkenntnis des Guten und des Bösen. Davon soll Adam nicht nehmen. Von allem kann er nehmen, aber davon nicht. Es passiert, dass der Mensch seine Grenze übertritt, er wird schuldig vor Gott, nimmt, was dieser ihm verboten hat zu nehmen. Adam versteckt sich von dem Angesicht des Herrn hinter den Bäumen im Garten.

Er versteckt sich hinter etwas *anderem,* er sucht ein Alibi (lat. *alibi* = „anderswo", von *allus,* „ein anderer"). Die Geschichte Adams ist auch Ihre und meine Geschichte. Wir alle haben Unrecht getan und uns hinter Ausflüchten versteckt, wie Adam hinter seinem Baum.

Adam, das sind *alle* Menschen.

Heißt es: Gott rief Adam und sprach: „Wo ist die Politik?" Nein! „Wo ist die Fehlentscheidung?" Nein. „Wo ist die Handlung?" Nein.

Gott fragt: „Adam, wo bist *du?"* (1. Mose 3,9).

Vor Gott gibt es kein Verstecken. Deswegen wollen die Leute von Gott nichts wissen!

Eine Weise, sich vor Gott zu schützen, kann die Flucht auf die Kirchenbank sein. Kirche als Alibi. Man gibt sich religiös und kann sagen: „Lieber

Gott, ich bin ja dabei gewesen. Hast du noch eine Frage?"

Man hat Gott vielleicht nie wirklich an sich herangelassen. Das gibt es.

Der Theologe Karl Bart hat einmal gesagt, die größte Sünde des Menschen sei seine Religiosität. Weil er sich damit sein Alibi vor Gott zu verschaffen meint. Sich mit religiösem Gehabe vor Gott verstecken.

Aber Gott erlaubt kein Alibi. Er stellt den Menschen. Und dann heißt es weiter: Und Gott sprach: „Hast du gegessen von dem Baum, von dem ich dir gebot, du solltest nicht davon essen? Da sprach Adam: Die Frau, die du mir zugesellt hast, gab mir von dem Baum und ich aß" (Verse 11-12). Das ist der Mensch. Schuldig ist immer der andere. Schauen Sie in die Ehekriege oder in den Familienstreit, schuld ist der andere.

„Da wies ihn Gott der Herr aus dem Garten Eden" (Vers 23) – fort aus der Gottesnähe.

Aus der Gottesnähe wird Gottesferne. Gottesferne ist das, was die Bibel Hölle nennt. Das Buch der Bücher sagt damit: „Du kriegst die Hölle in Zeit und Ewigkeit, wenn du die Nähe Gottes nicht willst." Denn Gottesferne ist nicht ein Defizit an Religiosität, das man in aufgeklärten Zeiten durch Selbstbewusstsein ersetzen könnte. Gottesferne nach der Heiligen Schrift heißt: Das Böse wird nicht weniger, sondern mehr.

Das lässt sich an der Entwicklung der Weltgeschichte ablesen. Das Böse nimmt zu, breitet sich aus wie eine Krankheit. Diese Welt ist krank. Die Menschheit ist krank. Wenn ich Ihnen das sage, gebe ich Ihnen damit die biblische Deutung der Weltgeschichte weiter.

Der Garten Eden – da ist Heil. Denn Gott ist Heil.

Gottes Ferne aber bedeutet Unheil, dazwischen gibt es nichts. Das Gegenteil von Heil ist Unheil. Wenn ein Mensch die Nähe Gottes nicht will, muss er wissen, dass er das Heil nicht will.

Die Bibel sagt auch: *Gott ist Liebe.* Wenn eine Menschheit Gott nicht will, verzichtet sie auf seine Liebe. Wie wir mit der Welt umgehen, zeigt, dass wir lieblos sind. *Weil wir den Schöpfer nicht lieben, können wir auch seine Schöpfung nicht lieben.* Das ist die Deutung der Heiligen Schrift.

Viele lächeln über die Heilige Schrift und halten sich für zu erhaben, um das ernst zu nehmen. Nun: „Wer zuletzt lacht, lacht am besten." Es gibt nichts Seriöseres, nichts Ernsteres, nichts Aktuelleres als die Heilige Schrift. Wir täten uns darum einen großen Gefallen, wenn wir Bibelleser würden. Dann erst können wir die Welt- und Zeitgeschichte deuten. Wie wollen wir Information deuten, wenn wir keinen auf Wahrheit geeichten Maßstab haben? Zum Deuten brauchen wir Kriterien. Bibelleser bekommen entscheidende Wahrheitskriterien.

Nun wissen wir, wie die Bibel unser Dilemma deutet: *Gottesferne!*

Das ist der *Machtbereich der Sünde*, der Zerstörung. Sünde besteht nicht in einem moralischen

Fehlverhalten, sondern in einer *Gefangenschaft*, einer Macht, der wir nicht entfliehen können.

Kriege, Hunger, Umweltkatastrophen, Familienprobleme, das sind Schuldprobleme.

Wie pflegen Menschen mit Schuld umzugehen?

Wir sagten es schon: Schuldig ist immer der andere. Fragen Sie die Leute der Friedensbewegung, wer Schuld an den Kriegen hat. Immer die anderen. Dass da Schuld ist, merkt jeder, aber man nimmt sie und schiebt sie auf den anderen. Wir suchen unser Alibi, damit wir nicht mehr schuldig sind, und die Welt stolpert immer tiefer in ihr Elend. Indem man die Schuld des anderen ins Auge fasst, ändert sich das eigene Fehlverhalten natürlich nicht. Das wird fortgesetzt, und gleichzeitig produziert man im anderen eine Gegenwehr. Die Dinge eskalieren, man jagt sich gegenseitig hoch.

Von Sünde und Schuld zu reden ist nicht modern. *Es ist aber nur darum nicht modern, weil es uns nicht passt.* Was nicht passt, wird verdrängt.

Von Sünde zu reden aber heißt, vom größten und realsten aller Probleme zu reden. Von der Lösung des Schuldproblems zu reden heißt dagegen, von der größten Heilung zu reden, die unter uns Menschen möglich ist!

Darum reden wir Christen vom gekreuzigten Christus.

Ein Student schrie mich mitten in einem Vortrag an: „Kommen Sie uns doch nicht mit Ihrer angenagelten Leiche!"

Was ist mit dieser angenagelten Leiche? Wie geht Christus mit dem Schuldproblem um? Anders als wir Menschen. Er kommt, nimmt die Schuld, die nicht seine Schuld ist, und trägt sie weg. Golgatha ist der Ort, wo die Sünde der Welt verbrennt. Ihre und meine Sünde ist auch dabei. Er schiebt nichts auf andere ab. Er nimmt alles auf sich selbst. Damit nimmt er die Macht der Zerstörung auf sich selbst, das ist sein Tod am Kreuz.

Die Zerstörungsmacht läuft bei Jesus ins Leere, sie ist bei ihm zu Ende.

„Vergib ihnen; denn sie wissen nicht, was sie tun!" (Lukas 23,34).

Die Macht der Zerstörung ist entmachtet.

Wissen Sie, was Sie am Kreuz von Golgatha erleben?

Eine Liebe, die sich der Mensch nicht ausdenken kann: *die Liebe Gottes.*

Dieser Christus ist lebendig, mitten unter uns. Wenn Sie sich auf ihn einlassen, dann lassen Sie sich auf die Liebe ein, und das braucht diese Welt. Nur das rettet diese Welt. Nur das rettet den Menschen. Keine Tricks, nur die Liebe Gottes!

Im Neuen Testament schreibt der Apostel Paulus: „Die Liebe Gottes ist ausgegossen in unsre Herzen durch den Heiligen Geist, der uns gegeben ist." (Römer 5,5).

Diese Liebe ist eine reale Möglichkeit in unserer Welt. In Jesus hat solche Liebe weltgeschichtlichen Boden betreten. In ihm ist sie anwesend. Und außerhalb von ihm ist sie nirgendwo zu finden.

Das heißt: Heilung und Hoffnung gibt es nur in ihm. In dieser Tiefe liegt die Wahrheit. Durch seine Wunden sind wir geheilt.

Und wovon? Von unserem Zerstörungsdrang. Von unserem Egoismus.

Ist Gottes Liebe schon ausgegossen in Ihr Herz? Sind Sie ein Friedensstifter in Ihrer Umwelt, in Ihrer Familie? Sind Sie einer, der lieber vergibt als vergilt, der lieber schweigt, als sein Recht zu behaupten? Sind Sie ein Friedensstifter?

Wenn Sie sagen: *Ich weiß es nicht genau*, dann stehen Sie vor der Frage, ob Sie sich auf Jesus Christus einlassen wollen, denn durch ihn wird die Liebe Gottes in unser Herz ausgegossen. Wer Christus empfängt, empfängt auch die Liebe Gottes. Anders geht es nicht, als dass durch einzelne Menschen, die Christus empfangen, die Liebe hineinkommt in diese Welt. Sie breitet sich in kleinen Schritten Einzelner aus in dieser liebesarmen Welt.

Sie sagen, Sie können die Welt nicht ändern, auch wenn Sie Christ werden.

Das überlassen Sie dem lebendigen Gott. Schlichte Menschen haben schon viel Segen in diese Welt gebracht!

Solch ein Mensch können Sie auch werden und sein.

Und wissen Sie, wie es sich ereignete, dass Leute zu Menschen des Segens wurden? Weil sie eine Großmutter hatten, die täglich für sie gebetet hat.

Wie wollen Sie wissen, was aus Ihrem Enkelkind einmal wird? Es könnte einer der gesegneten Männer oder Frauen Ihres Landes werden – in der nächsten Generation, wenn Sie als Großmutter oder Großvater für Ihr Enkelkind treu beten und ihm Jesus Christus verkündigen. So arbeitet Gott. Auf geheimnisvolle Weise, dass einzelne Menschen seine Liebe weitergeben an andere einzelne Menschen, die dann vielleicht Verantwortung haben und großen Segen durch die Gnade Gottes bewirken.

Die Liebe Gottes wird ausgegossen in unsere Herzen, wenn wir Jesus Christus empfangen als Herrn und Retter. In ihm macht sich die Liebe Gottes in der Welt breit. Es ist immer so gewesen und es wird immer so sein. Je mehr wirkliche Christen wir haben, umso mehr hat die Liebe eine Chance. Umso mehr hat das Heil der Welt eine Chance. Umso mehr hat auch die politische Zukunft eine Chance.

Er ist der, der uns Hoffnung macht, sonst hätten wir nichts zu hoffen. Darum hoffen Sie auf ihn. Und Sie werden es erleben: Diese Hoffnung wird nicht zuschanden werden.

Mehr als dieses Leben

Jesus Christus spricht: „Ich bin die Auferstehung und das Leben. Wer an mich glaubt, wird leben, auch wenn er stirbt." (Johannes 11,25; NeÜ)

Wenn ich diese Worte Jesu betrachte, kommen mir drei Gedanken:

1. Von der Sehnsucht, die uns alle treibt
2. Von der Liebe, die uns Gott in die Herzen schreibt
3. Von der Freude, die in Ewigkeit bleibt

1. Von der Sehnsucht, die uns alle treibt

Niemals werde ich es vergessen: Der Familienvater ist gestorben. Die evangelische Familie wohnt in meinem Pfarrbezirk. Ich mache den Trauerbesuch.

Die Witwe, ihre erwachsenen Söhne, Tobias, mein Konfirmand, und ich sitzen am großen Eichentisch. Sie erzählen, erzählen, erzählen. Wie gut ihr Vater und Großvater war, wie sie an ihm gehangen haben. Und sein Humor! Und! Und! Ich höre zu.

Sie sprechen viel, würden ihn am liebsten wieder herbeireden. Wenn das ginge!

Als der Redefluss versiegt, frage ich leise: „Wo ist Ihr Vater jetzt?"

Irritierte Blicke. Niemand sagt etwas. Auch ich bin eine Weile still.

„Was denken Sie? Gibt es nun eine Ewigkeit oder nicht?"

„An die Ewigkeit glaubt hier keiner!", stöhnt einer der Söhne genervt.

Ein anderer: „An so etwas glauben wir nicht! Der Baum fällt um und vermodert."

„Gerade haben Sie noch so dankbar von Ihrem Vater gesprochen, und nun rufen Sie über ihn die krasse Sinnlosigkeit aus. Vermodernder Baum – ob er sich darüber jetzt freut?"

Schwere Atemzüge. „So war das nicht gemeint."

„So aber hat es geklungen. Wenn wir am Ende nicht *mehr* sind als vermodernde Bäume, welchen Sinn hätte dann alles gehabt? Sie glauben doch nicht im Ernst, dass Ihr Vater aufs Ganze betrachtet ein sinnloses Dasein gefristet hat."

„So haben wir das bisher nicht gesehen."

„So müssen wir es aber sehen. Die Konsequenz des Unglaubens ist: vermodernder Baum, Würmerfraß, Urnenasche. Für Sie, für mich, für euren Tobias und alle Menschen."

Es ist noch stiller geworden. Mir ist, als würde die „evangelische Familie" in ihrem Leben zum ersten Mal von solchen Gedanken berührt.

Wieder frage ich leise: „Gibt es eine Ewigkeit oder nicht?"

„Es ist noch nie einer zurückgekommen, Herr Pfarrer!"

„Ich bin Pfarrer, *weil einer zurückgekommen ist!*"

Fragende Blicke.

„Den sie für uns ans Kreuz genagelt haben, der ist zurückgekommen! Ohne ihn hätten Sie recht. Dann wäre alles sinnlos, wie ein vermodernder Baum sinnlos ist. Dann wäre das Leben eures Vaters sinnlos gewesen, euer Leben wäre es dann auch und das Leben eurer Kinder. Nun aber *ist* der Gekreuzigte zurückgekommen. Jesu Auferstehung ist Gottes Protest gegen alles Sinnlosigkeitsgerede! Weil er lebt, müssen Sie mit Ihrer Trauer nicht gegen die Wand fahren. Jesus ist das offene Tor zur Ewigkeit!"

Tobias macht große Augen.

„Wir alle hier sind für das ewige Leben geboren. Du auch, Tobias. Du bist kein Baum, der einmal umfällt und vermodert, Dünger für die nächsten Bäume!"

„Reden Sie weiter", sagt sein Vater leise.

Wir rücken enger zusammen, haben ein langes Gespräch.

Und da erging es uns seltsam: Im Reden über Gott fing Gott an zu reden. „Und es geschah, als sie so redeten und einander fragten, da nahte sich Jesus selbst und ging mit ihnen", heißt es im Osterbericht des Lukas (24,15). Ich spürte, dass ein vorsichtiges Umdenken begann. Vertröstung auf das bloße Diesseits erschien jetzt banal. Wenn dieses Leben alles ist, ist es zu wenig. Das berührte sie nun auch. Damals habe ich erlebt, wie die Hoffnungslosigkeit in dieser Familie Risse bekam.

Der Auferstandene war unter uns.

Abends zu Hause – ein Popkonzert im Fernsehen. Arme ausgestreckt über einem Meer von Köpfen. Sie bewegen sich nach mitreißender Musik. Auf der Bühne die angehimmelte Gruppe. Junge Leute im Massenrausch. Welch eine Energie wird da frei! Welch eine Glut bricht da auf und steigt in den Himmel über der großen Stadt!

Die herumspringende Band auf der Bühne hat die Glut nicht gemacht, nur aufgeheizt, was innen schon brannte. Jetzt bricht es hervor, wie Lava aus einem Vulkan. Aufgestaute Sehnsucht, die aus der Tiefe kommt. Junge Menschen greifen nach ihren Idolen, als griffen sie nach dem großen Glück. Sie sind ein Schrei nach dem Leben.

Leben! Danach sehnen sie sich, danach lechzen sie.

Wer tut das nicht?

In uns allen brennt die Lebenssehnsucht, unbändig und stark. Sie ist groß. So verschieden die Menschen sind, so verschieden äußern sie sich. Es ist *eine* Sehnsucht, aber sie treibt uns auf *vielen* Wegen vor sich her.

Und dann?

Sind die Lebenshungrigen und ihre Idole nichts anderes als stürzende Bäume, die es gegeben hat, damit sie vermodern? Warum hätten sie dann gelebt?

Der Auferstandene ist die Antwort aller Antworten auf die Frage aller Fragen. *„Ich bin die Auferstehung und das Leben. Wer an mich glaubt, wird leben, auch wenn er stirbt."*

Sehnsucht nach dem Leben! Das ist ein Durst, der durch nichts in dieser Welt gestillt werden kann. Durch „Etwas-vom-Leben" geht der Durst nicht weg.

Unsere Sehnsucht geht aufs Ganze, ist auf den Ewigen gerichtet.

Diese Sehnsucht hat uns unser Schöpfer ins Herz gelegt. Er will, dass wir in einer festen Liebesbeziehung mit ihm leben, jetzt und ewig, weil er das Leben ist.

Seine „Hand" hat uns gemacht. So steht es im Schöpfungsbericht der Bibel. Wir tragen seine Fingerabdrücke in unserer Seele, kommen nicht zur Ruhe, zum inneren Frieden, bis wir zurückgekehrt sind – in seine liebende und formende Hand.

Auch die, denen es schwerfällt, an Gott zu glauben, haben Sehnsucht nach dem Leben. Ihre Sehnsucht verrät ihre Herkunft! Sie unterschätzen ihre Sehnsucht. Die Sehnsucht des Menschen nach dem Leben ist Sehnsucht nach dem Lebendigen, dem Auferstandenen. Viele ahnen nicht, dass eine ewige Sehnsucht in ihnen brennt. Darum versuchen sie, ihr Sehnen mit Vergänglichem zu stillen. Ja, sie unterschätzen ihre Sehnsucht.

„Die elementaren Dinge haben Hinweiskraft", sagt Paul Schütz, der prophetische Denker. Sehnsucht nach dem Leben! Hier ist elementare Kraft, elementares Verlangen nach Freude, Geborgenheit, Liebe.

Dass es die „elementaren Dinge" auch in der Verkehrung gibt, unsere Sehnsucht uns in die Zerstörung zu treiben vermag, ist Hinweis darauf, dass diese Welt nicht heil ist.

Da liegt ein Bruch zwischen dem „Woher" und dem „Wohin": Berge an Verfehlungen der Menschheit türmen sich auf. Da drückt der heilige Gott nicht einfach ein Auge zu, tut nicht so, als wäre das alles nichts. Darum musste Christus gekreuzigt werden, hat die Verfehlungen aller mit sich geschleppt, für alle Schuld bezahlt. Nun kann uns unsere Schuld nicht mehr verklagen.

2. Von der Liebe, die uns Gott in die Herzen schreibt

Die Menschen brauchen die Liebeserklärungen ihres Gottes. Sie müssen doch wissen, dass sie mehr sind als Würmerfraß, Urnenasche, vermodernde

Bäume. Sie müssen erfahren, wie sehr sie geliebt sind. Sie brauchen Gottes Liebeserklärungen, Gottes Wort.

Die Welt wurde durch Gottes Wort gemacht. Sie und ich, wir alle. Wir hier sind also Gestalt gewordenes Gotteswort! Sie sind Gestalt gewordenes Gotteswort!

Sagen Sie es sich: „Ich bin Gestalt gewordenes Gotteswort!"

Wir dürfen noch mehr sagen. Im Neuen Testament lesen wir den Satz: „Gott ist Liebe!"

Dieser Satz findet sich in keiner Religion. Die Schöpfung ist ein Akt der Liebe Gottes, eben, weil Gott Liebe ist. *Wir sind als seine Schöpfung Gestalt gewordene Gottesliebe.*

Haben Sie das gewusst? Sie sind Gestalt gewordene Gottesliebe!

Das lassen Sie es sich ins Herz schreiben: Sie sind wertvoller, als Sie glauben, besser dran, als Sie meinen. Unsagbar kostbar sind Sie. Gottes Liebe, die Gestalt angenommen hat!

Bitte, entdecken Sie Ihre Einmaligkeit, verstehen Sie doch, wie kostbar Sie sind! Machen Sie sich selbst nie mehr klein. Und lassen Sie sich von niemanden kleinmachen!

Und Sie – machen Sie bitte auch niemanden klein.

Und dann sind wir gefallen, wie die gesamte Schöpfung abgefallen ist, verirrt, abgefallen von Gott. Unsere Gottlosigkeit! Das ist das Elend der Welt, das Elend der Kriege und Morde, der Ehebrüche, der Tränen und Schmerzen.

Darum ist Jesus Christus gekommen und am Kreuz gestorben. Da hat er uns aus der Hölle gerissen. Wir alle können nur sagen: „Herr, bitte, alles musst du uns vergeben, sonst wären wir Verlorene, für immer."

Ja! Jesus hat für uns am Kreuz bezahlt. Jetzt sind wir doppelt kostbar, doppelt wertvoll. Noch einmal: Machen Sie sich nie mehr zu klein! Denken Sie nie mehr zu gering von sich! Sehen Sie das Kostbare an sich!

In Afrika habe ich einen Aussätzigen gesehen. Sein Gesicht war von Lepra zerfressen. Er hatte sein Gesicht verloren. – Ohne Jesus wären wir hier eine Versammlung von Aussätzigen. Ohne ihn haben wir alle unser Gesicht verloren. – *Durch* Jesus aber sind wir eine Versammlung von göttlichen Kostbarkeiten. Öffnen Sie Ihr Herz für diese Wahrheit!

Wie geht das?

Dadurch, dass Sie sich Ihre Verfehlungen vergeben lassen!

Vielleicht sind Ihnen in Ihrer Kindheit oder Jugend Wunden geschlagen worden, die noch schmerzen. Das Kind, das Sie einmal waren, lebt noch in Ihnen. Sie haben vielleicht nie richtig weinen können, haben Tränen weggedrückt, tief in Ihre Seele. Selbstmitleid wird oft verächtlich gemacht. Dabei ist es so wichtig, dass Sie mit Ihrem kleinen inneren Kind Mitleid haben, Gott an die Wunden lassen und die ungeweinten Tränen endlich fließen.

Wie viel ungeweinte Tränen jetzt hier wohl zusammenkommen?

Vielleicht lasten schwere Verfehlungen auf Ihnen. Die werden Sie von sich aus nicht los. Ich kenne nur einen Weg, frei zu werden: Geben Sie Gott die Last Ihrer Verfehlungen! Bekennen Sie ihm, dass Sie schuldig geworden sind. Lassen Sie seine Liebe Ihren Schmerz darüber berühren. Vielleicht brauchen Sie einen priesterlichen Menschen, dem Sie alles bekennen können, als würden Sie es Gott bekennen. Bitten Sie Jesus um Vergebung und danken Sie ihm, dass er für Sie starb! Und dann danken Sie für die Vergebung!

Jedoch – auch wir sollen anderen vergeben. „Geht hin, vergebt einander!" Dann werden Sie sehen, was die Liebe Gottes Schönes aus Ihnen macht. Sie werden erleben, welch eine Macht Gott in Ihren Herzen hat. Wenn Sie sich untereinander vergeben, werden Sie selbst Frieden haben, Ihr Haupt erheben, die Leute sehen und begreifen, dass wir alle ohne Gottes Liebe Verlorene sind. Dann werden Sie den Leuten nachgehen, weil die Liebe zwar Ruhe kennt, aber niemals Friedhofsruhe.

3. Von der Freude, die in Ewigkeit bleibt

Jesus, der sich in himmlischen Dingen auskennt, sagt: „So wird auch Freude im Himmel sein über einen Sünder, der Buße tut" (Lukas 15,7). – Die Engel freuen sich über die Umkehr eines jeden Menschen, weil diese Umkehr für denjenigen die Ewigkeit bedeutet und ein frohes, spürbar entlastetes Dasein.

Ich weiß, wovon ich rede, denn das ist mir auch widerfahren.

Darf ich leise fragen: Sind Sie umgekehrt – haben Sie Christus in Ihr Herz eingeladen?

Im Evangelium des Johannes steht: *„Er kam in sein Eigentum; und die Seinen nahmen ihn nicht auf. Wie viele ihn aber aufnahmen, denen gab er Macht, Gottes Kinder zu werden"* (Johannes 1,12).

Man kann Christus also aufnehmen!

Martin Luther kannte in seiner Zeit – wie wohl kaum jemand sonst auf der Welt – die Heilige Schrift. Er hatte sie ja übersetzt. Wort für Wort, Satz für Satz hat er sie unter die Lupe genommen. Und dann schreibt er, was er als das *Wichtigste* herausgefunden hat: „Das Hauptstück und der Grund des Evangeliums ist, dass du Christus aufnimmst und erkennst als eine Gabe und ein Geschenk, das dir von Gott gegeben und dein eigen ist …" (Kirchenpostille von 1522).

Christus aufnehmen! Das Hauptstück! Christus aufnehmen! Das kann jedes Kind!

Wie kann das praktisch vonstattengehen?

Ihm sagen: „Herr Jesus, bitte vergib mir alle meine Verfehlungen! Ich möchte dir gehören. Bitte komm in mein Leben!" Was wäre aus mir geworden, wenn mich Studenten nicht in ihren Bibelkreis eingeladen hätten? Dort habe ich zum ersten Mal glaubhaft von Christus gehört. Da fing es an, dass mein Leben – in einem längeren Frage- und Denkprozess – auf das Fundament der Ewigkeit gestellt wurde.

Ich hatte vorher ja auch gedacht: „Der Baum fällt um und vermodert."

Das ist es, was den Himmel froh macht, wenn Christen anderen sagen, dass sie keine vermodernden Bäume sind, sondern zum ewigen Leben geboren.

Freude der Engel an unserer Umkehr! Diese Umkehr ist eine Heimkehr, denn beim lebendigen Gott sind wir zu Hause. Die Freude der Engel, die in Ewigkeit bleibt, trägt unser Leben in guten und in schweren Tagen. Ich kenne viele Menschen, die zu Christus umgekehrt sind. Sie sind tief innen im Herzen froh geworden, auch wenn es im Leben manchmal sehr schwere Tage gibt.

Christen singen manchmal ein Lied: „In dir ist Freude, in allem Leide."

Suchen, was droben ist

„Seid ihr nun mit Christus auferweckt, so sucht, was droben ist, wo Christus ist, sitzend zur Rechten Gottes. Trachtet nach dem, was droben ist, nicht nach dem, was auf Erden ist. Denn ihr seid gestorben, und euer Leben ist verborgen mit Christus in Gott. Wenn aber Christus, euer Leben, offenbar wird, dann werdet ihr auch offenbar werden mit ihm in Herrlichkeit."
(Kolosser 3,1-4)

Ein Vorhang wird uns hier aufgerissen. Wir werden in eine Weite geführt, die alles übersteigt: die Himmelfahrt Jesu! Der, an den wir glauben, an dem wir hängen, ist nicht allein der Heiland unserer Seelen, der dazu da ist, unsere irdischen oder ewigen Wünsche zu erfüllen. Himmelfahrt heißt: *Er, der Herr des Universums, ist die Mitte aller Dinge!* Christus sitzt zur Rechten Gottes!

Wer durch diesen Vorhang sieht und wahrnimmt, was Christi Himmelfahrt für uns hier bedeutet, kann doch nicht mehr verzagt vor sich hinleben, ängstlich, hoffnungslos. Der oder die darf durchatmen, das Haupt erheben, ist im Leben und im Sterben getragen.

Strahlendes Gotteslob bricht sich Bahn: Unser Herr ist die Mitte aller Dinge!

Alles in unserem Leben ist eine Frage der Blickrichtung: „Trachtet nach dem, was droben ist!", sagt Paulus.

Wo der Thron des Ewigen steht, da ist Christus, sitzend zur Rechten Gottes.

„Trachtet nach dem, was droben ist!" Christus! Wer sonst? Ihn sollen wir schauen, nach ihm sollen wir trachten, nach dem gen Himmel Gefahrenen.

Christus ist nicht das Jesulein für den privaten Herrgottswinkel. Er ist der Herr! *„Vor ihm sind die Völker wie ein Tropfen am Eimer"* (vgl. Jesaja 40,15). Zu seinen Füßen endet die Weltgeschichte, das Universum. Christus sitzt zur Rechten Gottes!

Himmelfahrt Jesu – was sie bedeutet:

1. Wir haben ewigen Bestand.
2. Wir können in Angst und Anfechtungen widerstehen.
3. Wir gelangen zur Vollkommenheit.

1. Wir haben ewigen Bestand

Jesus sitzt zur Rechten Gottes! Das ist *die Mitte aller Dinge!*

Da ist er jetzt, der im Heiligen Geist allgegenwärtig längst mitten unter uns ist.

Er ist die Mitte aller Dinge. Das heißt: Wer Wesentliches denken will, muss von IHM her denken, oder die Gedanken gehen in die Irre. Wer urteilt, muss von IHM her urteilen, oder wir urteilen im Wesentlichen falsch. Wir müssen die Welt von IHM her sehen, oder wir laufen blind durch die Welt. Wer hört, muss von IHM her hören, oder er oder sie vernimmt nie Wahres und Klares. Wer glaubt, muss von IHM her glauben, sonst vertrauen wir religiösem Wahn.

Himmelfahrt: Es gibt nur eine gültige Deutung dieser Welt, die Deutung, die von IHM her, von Christus her die Welt begreift. Das ist der gültige Denkansatz, Lebensansatz: Christus! Zentrum aller Dinge!

Wenn *Psychologen* nicht von IHM her denken, bleibt ihnen das Geheimnis der menschlichen Seele fremd. Da muss die Seele missgedeutet werden. Jede Menschenseele hat Hunger, tiefe Sehnsucht nach Gott. Psychologen, die davon nichts wissen, können im Einzelnen brillante Kenntnis der menschlichen Seele haben, im Wesentlichen aber tappen sie im Dunkeln.

Wenn *Soziologen* die menschliche Gesellschaft nicht von Christus her sehen, kommen sie zu falschen Schlüssen. Christus ist der Herr der Menschheit, der menschlichen Gesellschaft. Das ist doch die Unruhe eines Volkes, dass es das Geheimnis der

Mitte nicht kennt. Das ist die Unruhe der Völker, dass sie nichts wissen von dem, der droben ist.

Geschichtswissenschaftler, die nicht wissen, dass Christus der Herr der Geschichte ist, was haben sie an Endgültigem zu vermitteln? Tausende geschichtliche Überlieferungen und Ereignisse, die man zu deuten versucht, aber nicht zu deuten vermag.

Mit der *Pädagogik* ist es nicht anders. Pädagogik kommt von *peis agein* = „das Kind, den Knaben führen". Wohin führen Pädagogen und Pädagoginnen, wenn sie vom Ziel aller Dinge nichts wissen? Sie führen in 1000 Einzelheiten, in 1000 Lehrteile und Teilchen. Sie kennen kein Ganzes, nur Teile. Auf diese Weise führen sie letztlich ins Leere. Das macht den jungen Menschen krank, stumpft ihn ab. Sein Geist will erkennen, was die Welt im Innersten zusammenhält. Gottlose Pädagogen kennen Zwecke, Lehrinhalte, Erfolge für junge Menschen, aber nicht deren Sinn und Ziel.

Wer das erkennt, dass von Christus her alles zu befragen, alles zu denken, alles zu beurteilen ist, der beginnt, das Geheimnis zu verstehen, dass die Bibel „Himmelfahrt" nennt.

Darum geht es: Christus ist die Mitte, der Herr, Sinn und Ziel *aller* Dinge! Der zum Himmel Gefahrene reißt uns aus Kleinkrämerei und Enge. Unsere bangen Herzen reißt er empor. Himmelfahrt, das ist im wahrsten Sinne des Wortes mitreißend!

„Trachtet nach dem, was droben ist!" Der, nach dem wir trachten sollen, ist der, der uns – die wir an ihn glauben – an seine Hand genommen hat. Das heißt ja Christsein, in SEINER Hand sein in der Gewissheit: *Niemand wird uns aus dieser Hand reißen* (Johannes 10,28-29). Weil wir von IHM her fest mit ihm verbunden sind, sodass wir nie mehr von ihm loskommen, reißt er uns nun mit: „Trachtet nach dem, was droben ist!" Sie haben es nicht mehr nötig, kleinkariert zu sein, engherzig, spießig, ängstlich. Himmelfahrt ernst genommen führt uns aus Enge und Angst!

Christus nimmt uns mit – zur Rechten des Vaters! Er ruft uns zur Mitte. Darin leben wir. Darin haben wir unseren Bestand. Dahin sind wir gestellt, wo wir die Dinge vom Zentrum her sehen dürfen. Da sehen wir mit anderen Augen, haben Himmelfahrt-Perspektive.

Ich war auf großer Klettertour: Großvenediger. Knapp 4000 Meter. Irgendwann schaute ich zurück in das Tal, aus dem ich kam. Da stellt sich das Verwundern ein: „So sieht das aus? So klein?" Vom Gipfelkreuz aus gewinnt man einen anderen Blick.

Das bewirkt Himmelfahrt: Sie gewinnen einen anderen Blick. Da sehen wir mit anderen Augen. Da sehen wir, wie klein die angeblich großen Dinge sind. Wer die nächste Regierung stellt, wer den Song-Contest gewinnt oder die nächste Fußballweltmeisterschaft. Das alles ist es nicht. Es macht Schlagzeilen und ist doch im Angesicht der

Ewigkeit bedeutungslos. Unsere großen Dinge sind meistens klein. Aber angeblich kleine Dinge sind oft wirklich groß.

Da sind zwei alte Leute. Sie falten regelmäßig die Hände, beten für ihre Kinder und Enkelkinder, beten, dass sie in den Himmel kommen. Und dann beten sie noch von Herzen das Vaterunser und legen ihrem Gott damit die ganze Welt vor die Füße. Ihre erwachsenen Kinder belächeln sie und die heranwachsenden Enkel auch: „Oma und Opa sind fromm geworden, niedlich, irgendwie süß!" Die Neunmalklugen, sie ahnen nicht, wie wirklichkeitsfremd sie sind. Was sie mitleidig belächeln, ist das Ernsteste und Größte, was Menschen tun können, beten, reden mit der letzten Instanz, mit dem, der das Zentrum aller Dinge ist. Den Neunmalklugen sind die Augen für das Große verschlossen.

Jesus ruft: *„Ich preise dich, Vater, Herr des Himmels und der Erde, dass du dies Weisen und Klugen verborgen hast und hast es Unmündigen offenbart"* (Matthäus 11,25).

In IHM, der zur Rechten Gottes sitzt, haben Glauben und Leben dieser Alten ihren Bestand. Darum ist ihr kleines Gebet in Wahrheit ein großes Ereignis. Sie wissen, dass Christus der Herr ist: Darum wenden sie sich an ihn.

Das gilt nun auch für uns. Himmelfahrt heißt: Nicht nur Ihr und mein Gottesverhältnis ist wichtig (das auch!), nicht nur Ihre und meine Probleme, nicht nur die Kirche und ihre Belange. Christus ist wichtig!

Es gibt kirchliche Leute, die meinen, Jesus sei gekommen, um ihre Probleme zu lösen, ihre Nüsse zu knacken. Christus als Nussknacker höherer Ordnung?

Die Probleme der Welt zu lösen – dazu ist er nicht gekommen. Die Welt zu erlösen – *darum* wurde Gott Mensch, *darum* wurde Christus gekreuzigt, *darum* ist er auferstanden, *darum* ist Himmelfahrt! Dass sich da auch irdische Probleme lösen, ist wahr. Das soll uns nach seiner Verheißung dann *zufallen*.

Theologen nennen das, worum es IHM geht, die *missio Dei*. Das ist die große Liebesbewegung Gottes hin zur Welt. Aus Retterliebe hat er uns zu sich gerufen, heraus aus der Welt. Und aus Retterliebe hat er uns wieder gesandt – hinein in die Welt. Wer sich in seine Sendung stellt, dem werden die eigenen Probleme geheimnisvoll klein, weil er sich dem Problem Gottes zuwendet: zu retten, was verloren ist. Unsere Kirchen haben heilige Menschen gehabt, deren Leben davon Zeugnis ablegte.

Dass wir dabei sein dürfen in der großen Liebesbewegung Gottes hin zur Welt, ist das große Geschenk!

Vor der Welt ist das alles nicht bedeutend, aber vor IHM: *„Denn ihr seid gestorben, und euer Leben ist verborgen mit Christus in Gott"* (Kolosser 3,3).

Da ist nichts, was uns von uns aus groß macht. Wenn das Werk von uns abhinge, hätte es keinen Bestand. Aber es hängt nicht von uns ab, sondern von IHM, von seiner unwandelbaren Treue. Unser Herr sitzt zur Rechten Gottes. Darin hat auch die Kirche ihren Bestand, darin haben wir, die wir an Jesus glauben, ewigen Bestand.

2. Wir können in Angst und Anfechtungen widerstehen

In der Nähe von Stockholm hat sich einmal eine seltsame Sache zugetragen. Ein junger Mann war auf das Geländer einer Brücke geklettert, die hoch über eine Meerenge gespannt war. Er wollte Schluss machen, wollte sich hinabstürzen in die Tiefe. Als er dann aber den Abgrund vor sich sah, wurde er unschlüssig. Minutenlang stand er da. Längst hatten ihn Leute entdeckt. Immer mehr blieben stehen. Die Menge starrte gebannt von unter herauf. Ihre Ungeduld wuchs von Minute zu Minute: „Wie geht das bloß aus?" Plötzlich schrie einer: „Spring endlich ab!" Wie ein Signal fiel dieser Ruf in die Menschenmassen, die ihn aufnahmen und wie in einem Massenecho zurückschrien, lautstark und im Takt: „Spring endlich ab!" „Spring endlich ab!" „Spring endlich ab!"

Der Selbstmordkandidat stand da, starrte in die Tiefe; dann auf die schreiende Meute und dann – sprang er wirklich ab.

Er wurde aus dem Wasser gefischt und konnte glücklicherweise lebend geborgen werden. Später gab er zu verstehen, dass er auf dem Geländer stehend seine Selbstmordabsichten bereits aufgegeben hatte. Aber die Zurufe der Menge hätten ihn mit solcher Gewalt getroffen und gezogen, dass er sich zum Absprung geradezu gezwungen sah.

„Spring endlich ab! Lass dich fallen!"

Warum hat der Mann dieser Aufforderung plötzlich gehorcht?

Dieser Ruf hatte in seinem Inneren einen Verbündeten, der mit geschrien hat oder heimlich geflüstert: „Spring endlich ab! Lass dich fallen! Gib einfach auf!"[5]

Sich dem Zuruf der anderen und der Einflüsterung des eigenen Herzens zu ergeben ist meistens leicht. Sich fallen zu lassen kann von seltsamer Süße sein. Jede Tiefe enthält die stumme Aufforderung, sich in sie hinabzustürzen. Es gibt den Tiefenrausch. Abgründe haben eine anziehende Macht.

Unsere Erdenschwere, die alles Leibliche nach unten zieht, teilt sich auch unserer Seele mit: Der Mensch hat einen Hang nach unten. Die Schwere möchte uns hinabziehen in die Täler der Dummheit, Bosheit, Gedankenlosigkeit, Kurzsichtigkeit, der

---

5 Eugen Gürster „Die Macht der Dummheit", Herder 1974, S. 128.

Gottlosigkeit. Man kann sich auch fallen lassen in Abgründe von Schuld, Lieblosigkeit, Gemeinheit.

Unsere Sprache kennt diesen Umstand gut. Es ist doppeldeutig, wenn man von einem Menschen sagt, dass er „gefallen" sei.

Paulus nennt einige Abgründe, in die wir fallen können:

So tötet nun die Glieder, die auf Erden sind, Unzucht, Unreinheit, schändliche Leidenschaft, böse Begierde und die Habsucht, die Götzendienst ist. Um solcher Dinge willen kommt der Zorn Gottes über die Kinder des Ungehorsams. In dem allen seid auch ihr einst gewandelt, als ihr noch darin lebtet. Nun aber legt alles ab von euch: Zorn, Grimm, Bosheit, Lästerung, schandbare Worte aus eurem Munde; belügt einander nicht; denn ihr habt den alten Menschen mit seinen Werken ausgezogen und den neuen angezogen, der erneuert wird zur Erkenntnis nach dem Ebenbild dessen, der ihn geschaffen hat. (Kolosser 3,5-10)

Das alles ist Ergebnis irdischer Gesinnung. Wir leben in einer Welt, die zu solcher Gesinnung auffordert: „Spring endlich ab!" Diese Welt lebt auch irgendwie in uns: „Spring endlich ab! Nimm es nicht so genau!"

Nein und nochmals nein! Lass dich nicht runterziehen! Wir sollen nach dem trachten, was droben ist, und nicht nach dem, was auf Erden ist.

Trachten, d. h. wach sein, entschieden und klar, bewusst gehorsam. Christen bieten der Masse und ihren zersetzenden Zurufen die Stirn.

Bleiben Sie bei der nüchternen Überlegung: Von wo aus muss gedacht werden, befragt werden, beurteilt werden? Lassen Sie uns immer wieder Maß nehmen an dem, was droben ist. Das führt zu befreiender Nüchternheit.

Ausgerichtet auf die Ewigkeit können wir den Anfechtungen von außen und von innen widerstehen.

3. Wir gelangen wir zur Vollkommenheit

> *„So zieht nun an als die Auserwählten Gottes, als die Heiligen und Geliebten, herzliches Erbarmen, Freundlichkeit, Demut, Sanftmut, Geduld; und ertrage einer den andern und vergebt euch untereinander, wenn jemand Klage hat gegen den andern; wie der Herr euch vergeben hat, so vergebt auch ihr! Über alles aber zieht an die Liebe, die da ist das Band der Vollkommenheit."* (Kolosser 3,12-14)

Paulus spricht von uns als von den *Auserwählten Gottes!*

Das heißt doch: Gott hat uns gewollt, wir sind Wunschkinder des Ewigen. Das soll uns nicht hochmütig machen, aber toll ist es schon: Christen sind Wunschkinder der Ewigkeit. Auserwählte Gottes!

Erwählt zu werden ist schön!

Als ich ein kleiner Junge war, haben wir Kinder bis zum Umfallen Fußball gespielt. Vorher mussten zwei Mannschaften gebildet und die Spieler gewählt werden. War das toll, wenn der große Günther auf mich zukam und meinen Namen laut und für alle hörbar nannte: „Klaus! Komm her!"

Da war ich ausgewählt, bei meinem Namen gerufen.

Christen, die ihre Erwählung bewusst empfangen haben, gehören zur ewigen Schar. Wir sind die Auserwählten Gottes, seine Heiligen, seine Geliebten, bei unserem Namen gerufen.

„So zieht nun an als die Auserwählten Gottes … herzliches Erbarmen, Freundlichkeit, Demut, Sanftmut, Geduld; und ertrage einer den andern und vergebt euch untereinander, wenn jemand Klage hat gegen den andern; wie der Herr euch vergeben hat, so vergebt auch ihr!

Hier werden Probleme angesprochen! Diese Ermahnungen sind nicht theoretischer Natur: „Sollte es einmal bei euch nicht stimmen, dann …"

Nein, es stimmte oft nicht in den Gemeinden. Darum, nachdem der Blick auf den da droben eingeschärft wurde, wird die Situation auf Erden mit großer Nüchternheit ins Auge gefasst. *„Über alles aber zieht an die Liebe, die da ist das Band der Vollkommenheit."*

„Zieht an!", steht hier.

Was ich anziehen muss, gehört naturgemäß nicht zu mir. Meinen Kopf muss ich morgens nicht anziehen. Der ist angewachsen. Aber meine

Jacke, die ist etwas Fremdes, die gehört nicht zum natürlichen Menschen. Die wurde mir bereitgestellt. Die muss ich anziehen – immer wieder.

So ist es auch mit der Liebe. Die ist mir nicht angeboren oder angewachsen. Die muss ich anziehen – *immer wieder.* Zur Liebe muss ich mich jeden Tag neu entscheiden.

Zugang zu der Liebe haben wir in unserem Herrn Jesus Christus!

Die Liebe Gottes, das Band der Vollkommenheit, ist durch Jesus in die Welt gekommen. Am Kreuz von Golgatha, da finden wir die Liebe Gottes. Darum müssen wir immer wieder betend zum Gekreuzigten und Auferstandenen.

Wir können von uns aus nicht vergeben oder Erbarmen haben, Demut, Sanftmut, Geduld. Wir können unsere Feinde nicht lieben. Das kann nur Jesus. Darum müssen wir zu ihm. Darum sagt Paulus in Römer 13,14: *„Zieht an den Herrn Jesus Christus!"*

Pastor Wilhelm Busch erzählt einmal, er habe einen bekannten Theologen gesprochen, der bei den Nazis im Gefängnis gewesen war. Ein feindseliger Offizier hatte ihn Nacht für Nacht gefoltert. Darüber sei der Gequälte völlig verbittert gewesen. Da sei ihm eines Tages das Wort des Paulus eingefallen: „Über alles zieht an die Liebe!" Da hat der Mann gebetet: „Herr, du kannst nicht verlangen, dass ich diesen Menschen lieb habe. Aber wenn ich es tun soll, dann musst du an mir ein Wunder tun!"

Und er erlebte, wie die Liebe Gottes in sein Herz ausgegossen wurde. Als er seinem Peiniger wieder gegenübersaß und angeblendet wurde, kamen ein herzliches Erbarmen und eine tiefe Liebe zu dem Mann in sein Herz, sodass er völlig anders als vorher reagieren konnte.

Da sprang der Offizier auf und rief: „Was haben Sie da für eine neue Tour?"

Und dann schließt Wilhelm Busch seine Geschichte: „Jawohl, Christen haben eine neue Tour. Wir haben alle viel in Ordnung zu bringen, und zwar auf diese neue Tour!"

„Zieht an die Liebe, die da ist das Band der Vollkommenheit."

Die Liebe ist unsere neue Tour. Darum geht es zu Himmelfahrt. Paulus schließt seine Gedanken über die Himmelfahrt Jesu:

„Und der Friede Christi, zu dem ihr auch berufen seid in einem Leibe, regiere in euren Herzen; und seid dankbar. Lasst das Wort Christi reichlich unter euch wohnen: Lehrt und ermahnt einander in aller Weisheit; mit Psalmen, Lobgesängen und geistlichen Liedern singt Gott dankbar in euren Herzen. Und alles, was ihr tut mit Worten oder mit Werken, das tut alles im Namen des Herrn Jesus und dankt Gott, dem Vater, durch ihn." (Kolosser 3,15-16)

Die Liebe, das ist unsere neue Tour! Und darum geht es zu Himmelfahrt! Wir können ja nur ahnen, wie viel der gen Himmel Gefahrene durch uns ausrichtet, hier unten auf Erden, wenn wir aufschauen zu ihm und ihm folgen.

Ein neues Sehen

In der Zeit einer Herzkrankheit habe ich – für mich überraschend – etwas gelernt: *Ich muss lernen, die Bibel neu zu lesen!*

Sie ist machtvoll nach vorn gerichtet, der Vollendung zugewandt. Alles ist durchströmt vom Atem der auf uns zukommenden Ewigkeit. Alle ihre Sätze und Bilder, ihre Gedanken und Gleichnisse sind wie 1000 Fäden, die mich ins Himmelreich ziehen – wo ich doch so gerne mit beiden Beinen auf der Erde stehen wollte. „Was ist diese Erde, auf die wir unseren Fuß setzen, unsere Hochhäuser gründen, unsere Atomexplosionen zünden? Verkleinert auf die Größe eines Tennisballs wäre die Erde eine Haut, dünner als eine Eierschale, ausgespannt über einer Feuerkugel. Sie sieht nicht unbedingt nach Ewigkeit aus, nach Endgültigkeit – eher ein kühnes Provisorium" (Paul Schütz).

Die Menschheit ist auf ihr unterwegs. Nein, diese Erde ist noch nicht alles. *Himmel und Erde werden vergehen, aber meine Worte,* sagt der Herr, *werden nicht vergehen* (Matthäus 24,35).

Hören Sie sich das einmal an:

Danach sah ich, und siehe, eine Tür war aufgetan im Himmel, und die erste Stimme … sprach: Steig herauf, ich will dir zeigen, was nach diesem geschehen soll. Alsbald wurde ich vom Geist ergriffen. Und siehe, ein Thron stand im Himmel, und auf dem Thron saß einer. Und der da saß, war anzusehen wie der Stein Jaspis und Sarder; und ein Regenbogen war um den Thron, anzusehen wie ein Smaragd. (Offenbarung 4,1-3)

Und ich sah einen neuen Himmel und eine neue Erde; denn der erste Himmel und die erste Erde sind vergangen, und das Meer ist nicht mehr. Und ich sah die heilige Stadt, das neue Jerusalem, von Gott aus dem Himmel herabkommen, bereitet wie eine geschmückte Braut für ihren Mann.

Und ich hörte eine große Stimme von dem Thron her, die sprach: Siehe da, die Hütte Gottes bei den Menschen! Und er wird bei ihnen wohnen, und sie werden seine Völker sein, und er selbst, Gott mit ihnen, wird ihr Gott sein; und Gott wird abwischen alle Tränen von ihren Augen, und der Tod wird nicht mehr sein, noch Leid noch Geschrei noch Schmerz wird mehr sein; denn das Erste ist vergangen. Und der auf dem Thron saß, sprach: Siehe, ich mache alles neu! Und er spricht: Schreibe, denn diese Worte sind wahrhaftig und gewiss!

Und er sprach zu mir: Es ist geschehen. Ich bin das A und das O, der Anfang und das Ende. Ich will dem Durstigen geben von der Quelle des lebendigen Wassers umsonst.

Wer überwindet, der wird dies ererben, und ich werde sein Gott sein und er wird mein Sohn sein. Die Feigen aber und Ungläubigen und Frevler und Mörder und Hurer und Zauberer und Götzendiener und alle Lügner, deren Teil wird in dem Pfuhl sein, der mit Feuer und Schwefel brennt; das ist der zweite Tod. ...

Und er führte mich hin im Geist auf einen großen und hohen Berg und zeigte mir die heilige Stadt Jerusalem herniederkommen aus dem Himmel von Gott, die hatte die Herrlichkeit Gottes ...

Und die Stadt bedarf keiner Sonne noch des Mondes, dass sie ihr scheinen; denn die Herrlichkeit Gottes erleuchtet sie, und ihre Leuchte ist das Lamm. Und die Völker werden wandeln in ihrem Licht; und die Könige auf Erden werden ihre Herrlichkeit in sie bringen. Und ihre Tore werden nicht verschlossen am Tage; denn da wird keine Nacht sein. Und man wird die Herrlichkeit und die Ehre der Völker in sie bringen. (Offenbarung 21)

Und es wird nichts Verfluchtes mehr sein. Und der Thron Gottes und des Lammes wird in der Stadt sein, und seine Knechte werden ihm dienen und sein Angesicht sehen, und sein Name wird an ihren Stirnen sein ... Und der Geist und die Braut sprechen: Komm! Und wer es hört, der spreche: Komm! Und wen dürstet, der komme; und wer da will, der nehme das Wasser des Lebens umsonst. (Offenbarung 22,3-4.17)

Diese Ewigkeit! Sie ist nahe! Die Vollendung ist die Wirklichkeit. Sie kommt mit Riesenschritten auf uns zu. Das ist die Botschaft der Bibel.

Das bedeutet: Werden Sie wach, bedenken Sie: Die Ewigkeit ist da, die Vollendung ist die Wirklichkeit, die auf uns zukommt! Verlieren Sie sich nicht in den kleinen Geschäften Ihres Lebens. Sie haben es überhaupt nicht nötig, klein und eng zu denken.

Erhebt eure Häupter, weil sich eure Erlösung naht! (Lukas 21,28)

Ich muss die Bibel neu lesen lernen.

Nicht nur die Offenbarung lässt uns in den Himmel blicken, nicht nur die Endzeitreden sprechen von der Vollendung. *Im Grunde sind alle Jesusworte Ewigkeitsworte, auch da, wo er von der Erde spricht;* vom Sämann und dem Samen und dem Korn, dem Acker, der Ernte, der Frucht, von der kostbaren Perle, vom verlorenen Groschen oder vom verlorenen Sohn. In allem weht der Atem der Ewigkeit.

Ich brauche ein neues Schriftverständnis. Das alte war zu sehr dieser Welt verhaftet, zu sehr den Dingen, die doch vergänglich sind. Die Bibel ist kein Lesebuch, sondern ein Lebensbuch, meinte Martin Luther. Das hatte ich nur halb verstanden. Sie sei ein Buch fürs Leben, habe ich gedacht, für *dieses* Leben. Ein bisschen Ewigkeit war schon da, als Beigabe gewissermaßen. Eigentlich aber habe ich empfunden, dass es um die Bewältigung dieses Lebens geht – und dabei sei Gottes Wort hilfreich. Christus, der Problem-löser, wurde mächtig und groß. Dadurch wurde der Erlöser jedoch irgendwie klein.

Wir müssen die Bibel neu lesen. Sie spricht von einer Wirklichkeit, für die unsere Augen zu klein sind. Buchstabe für Buchstabe blicken uns der neue Himmel und die neue Erde an, wenn wir in die Bibel schauen.

Aber wir sind wirklichkeitsfremd, brauchen neue Augen, den Blick für die ewige Herrlichkeit, die schon jetzt beim Vater ist.

Das Zentrum aller Dinge! *„Und ich sah einen neuen Himmel und eine neue Erde … und der auf dem Thron saß, sprach: Siehe, ich mache alles neu."* (Offenbarung 21,1.5)

Von diesem Thron heißt es in Offenbarung 4:
„Eine Tür war aufgetan im Himmel" (Vers 1).

Der Seher Johannes schaut durch diese Tür hindurch und sieht diesen Thron. In Kapitel 21 erscheint dasselbe Bild wieder: Die ganze Zeit hat Gott durch diese Tür auf uns geguckt, vom Thron her die Weltgeschichte gesehen.

Was ist mit diesem Thron?

Wenn wir mit dem Auto in eine Stadt fahren, dann lesen wir: *Zentrum.*

Das Zentrum ist da, wo die Mitte ist. Unsere Sprache kennt viele Zentren: Stadtzentrum oder Einkaufszentrum, Sportzentrum, Vergnügungs-zentrum, Modezentrum, Krisenzentrum. In unseren Zentren geht es oft drunter und drüber, da geht es um die Menschen, um ihre Sorgen, um ihre Probleme, um ihre Großartigkeiten und um ihre Jämmerlichkeiten.

In unserem Bibelwort geht es nicht um ein zusätzliches, nämlich religiöses Zentrum. Nein! Hier ist das Zentrum aller Dinge. Angesichts der Mitte zeigt sich, dass andere Zentren gar keine sind, sie sind Peripherien.

Der auf dem Thron saß – alles geht von diesem Thron aus, und alles zielt auf diesen Thron hin. Dieses Zentrum aller Dinge ist auch das Ziel aller Dinge. Dort werden wir einmal sein. Dort sind wir wirklich zu Hause. Dort sind jetzt schon die, die vor uns im Herrn gestorben sind.

Der Gemeinde aller Zeiten ist dieser Blick gegönnt zum Trost in der Trauer, zum Mut-Schöpfen in der Angst, zur Gewissheit in der Anfechtung.

Der Gottessohn – das Zentrum aller Dinge.

Im Zentrum aller Dinge wird gelobt

> *„Herr, unser Gott, du bist würdig, zu nehmen Preis und Ehre und Kraft; denn du hast alle Dinge geschaffen, und durch deinen Willen waren sie und wurden geschaffen."*
> (Offenbarung 4,11)

Im Zentrum aller Dinge wird gelobt. In diesem Leben schon gibt es Glücksmomente, da kann man nur noch jubeln. Vor einiger Zeit erlebte ich so einen Glücksmoment: Ich hatte noch einmal eine große Untersuchung wegen meiner

Herzgeschichte. Nach einer Operation war ein Vorhofflimmern festgestellt worden, in der Folge kann man einen Schlaganfall bekommen. Das, hatte man mir beigebracht, könnte auch mir bevorstehen.

Bei dieser Untersuchung – einige Monate später – war das Vorhofflimmern nicht mehr da. Ich fuhr nach Hause und habe in der Küche, es war gerade niemand da, einen lauten Juchzer gemacht.

Ja, es gibt schon Glücksmomente in diesem Leben.

So ist es im Zentrum aller Dinge: Da kann man nur noch jubeln. Wir werden von tiefem Glück erfüllt sein. Wir werden Gott voller Liebe aus vollem Herzen loben. Wir werden uns an seiner Schönheit nicht sattsehen können.

Im Zentrum aller Dinge wird Gott gelobt. Aber nicht nur Gott.

An dieser Stelle muss ich ein wenig ausholen. Unser Leben geht bekanntlich nicht ohne Konflikte ab. In Konflikten liegen oft die Nerven bloß, da wird auch ein reifer Christ für Momente wieder unreif. Man vergreift sich am Konfliktpartner mit verkehrten Worten, mit falschen Gedanken. Da sind die Verurteilungen scharf. Da richtet man. Urteile werden schnell ausgesprochen.

So etwas hat Paulus schon einmal in Korinth erlebt. Es gab Streit in der Gemeinde. In diese Situation schreibt der Apostel: *„Richtet nicht vor der Zeit, bis der Herr kommt, der auch ans Licht bringen wird, was im Finstern verborgen ist, und das Trachten der*

Herzen offenbar machen wird. Dann wird auch einem jeden von Gott Lob zuteilwerden." (1. Korinther 4,5)

Welch eine Versachlichung in einer aufgeheizten Situation!

Der Herr kommt. Er ist der Richter, nicht Sie! Denken Sie einmal an den Menschen, bei dem es Ihnen am schwersten fällt, ihn gern zu haben. Vielleicht denken wir: Es kommt der Tag des Gerichts, da kriegt er dann sein Fett. Der, der mir nicht passt, der wird schon sehen, was Gott mit ihm machen wird!

Was hier steht, ist umwerfend! Nicht: *„Dann wird jeder sein Fett kriegen!"* Nein! *„Dann wird auch einem jeden von Gott sein Lob zuteilwerden."*

In der Ewigkeit wird gelobt, aber nicht nur der Schöpfer wird gelobt, sondern Gott lobt seine Geschöpfe. Und wenn man sich es genau überlegt, muss man sagen: Es kann nicht anders sein. Unsere Sünden sind vergeben. Was ist dann noch über uns zu sagen? Nur Gutes!

Dann wird einem jeden von Gott sein Lob zuteilwerden.

Sind Sie anfällig dafür, andere zu richten? Bedenken Sie: Dem anderen wird, wenn der Herr wiederkommt, Gottes Lob zuteilwerden. Stimmt, der andere hat seine Gebrechen. Aber ich ja auch!

Wissen Sie, was Sie jetzt schon brauchen und einmal am jüngsten Tag?

Gottes Barmherzigkeit!

Auch Ihr problematischer Bruder, Ihre problematische Schwester – sie brauchen schon heute

Gottes Barmherzigkeit, einen Funken vom Glanz der Ewigkeit. Den können wir als Vorgeschmack schon hineinholen in diese Zeit. Lassen Sie dem anderen Lob zuteilwerden! In der Ewigkeit wird gelobt; geben Sie anderen, auch Ihrem Gegner, schon jetzt ein Stück Ewigkeit.

Weil echtes Lob aus der Ewigkeit kommt, ist unsere Seele so hungrig nach echtem Lob.

Ich erzähle es immer wieder gern: Mir hat das Lob einer Lehrerin eine Lebenswende beschert. Ein Jahr lang hatte ich keinen Unterricht wegen der Kriegswirren, dazu kamen noch lange Krankheitszeiten. In der dritten Klasse hatte ich Mühe mit dem Schreiben. Zu der Zeit hatte ich einen Lehrer, der nicht sehr freundlich zu mir war. Irgendwie wollte ich auch zur Geltung kommen, und was macht man, wenn man im Guten nicht zur Geltung kommt? Man versucht es im Bösen. Ich entwickelte mich zum Rowdy.

Dann bekam ich eine neue Lehrerin, Dora Frische. Einmal kam der Lehrer, der mich nicht mochte, in die Klasse. Er sieht mich und fragt Dora Frische mit harter Stimme: „Wie ist der denn?"

Ich zucke zusammen. Da sagt Dora Frische: „Klaus? Der macht sich gut!"

Ich saß da wie ein Träumender. Immer wieder vernahm ich im Geist diesen Satz. Von nun an wurde ich fleißig – für Fräulein Frische.

Warum tut es so gut, gelobt zu werden? Loben ist ein Vorgeschmack auf die Ewigkeit! Gott wird gelobt, und überraschenderweise werden auch wir in der Ewigkeit gelobt – von Gott.

Es ist ja auffällig und erlebbar: Eine Predigt, die Gottes Lob verkündigt, verbreitet die Atmosphäre der Ewigkeit. Das sage ich allen Theologen unter uns: Loben Sie Gott in der Predigt, und Sie werden Menschen verwandeln!

Wir sollten einander häufiger loben, den Atemzug der Ewigkeit gönnen. Lobesworte sind Segensworte.

Kein Leid wird mehr sein

Im Zentrum aller Dinge wird von Herzen gejubelt und gelacht.

„Gott wird abwischen alle Tränen von ihren Augen, und der Tod wird nicht mehr sein, noch Leid noch Geschrei noch Schmerz wird mehr sein, denn das Erste ist vergangen." (Offenbarung 21,4)

Wir werden befreit sein von Kummer und Leid. Leiden gehört zum Menschsein, ist auch ein Grundbestandteil der Geschichte des Reiches Gottes. Es wird eine große Trübsal kommen, so sagt die Heilige Schrift. Die Freude am Evangelium wird dann durch Täler des Leidens hindurch getragen werden und sich bewähren müssen. *Gott wird aber abwischen alle Tränen von ihren Augen* – wir werden also weinend oben ankommen.

Im Zentrum aller Dinge gibt es keine Bedrohung mehr, keine Angst, keine Not. Das gilt auch für die Völker. Sie werden einander nicht mehr verfolgen, sie werden einander nicht mehr hassen, einander nicht mehr morden. Leiden ist nicht das letzte Wort der Geschichte. Die Völker werden wandeln im Licht der goldenen Stadt. *Dieses Licht ist ihre Leuchte, und diese Leuchte ist das Lamm,* Jesus Christus selbst. *Man wird die Pracht und den Reichtum der Völker in sie bringen,* in diese hochgebaute Stadt. Das wird ein Staunen geben, ein Lachen und ein Loben. Im Zentrum aller Dinge wird gelobt, und im Zentrum aller Dinge wird unbändige Freude sein.

Dienen vor dem Thron

Im Zentrum aller Dinge, da gibt es aber auch zu tun: Die aus der großen Trübsal kommen, sie sind vor dem Thron Gottes und dienen ihm, der da auf dem Thron sitzt, Tag und Nacht. Später heißt es, es wird nichts Verfluchtes mehr sein, und der Thron Gottes und des Lammes wird in der Stadt sein, und seine Knechte werden ihm dienen und sein Angesicht sehen.

Das Ziel aller Dinge!

Das Zentrum aller Dinge ist das Ziel aller Dinge. Was Gott sich vorgenommen hat, und was er haben will, das muss doch endlich kommen, zu seinem Zweck und Ziel.

„Und der Geist und die Braut sprechen: Komm! Und wer es hört, der spreche: Komm! Und wen dürstet, der komme; und wer da will, der nehme das Wasser des Lebens umsonst." (Offenbarung 22,17)

Hier haben wir noch einmal, was den neuen Bund begründet: die Rechtfertigung des Gottlosen allein aus Gnade. Dieses Ziel darf keiner verfehlen. Das Verfehlen des Zieles ist das, was die Bibel Sünde nennt.

Wir dürfen das andere nicht verschweigen: *„Die Feigen aber und Ungläubigen und Frevler und Mörder und Hurer und Zauberer und Götzendiener und alle Lügner, deren Teil wird in dem Pfuhl sein, der mit Feuer und Schwefel brennt; das ist der zweite Tod."* (Offenbarung 21,8)

All diese Dinge, von denen hier die Rede ist, sind Dinge, vor denen wir nicht gefeit sind. Niemand von uns. Das ist uns nicht fremd. Aber auf das ewige Ziel hin sind wir geschaffen, nicht für den feurigen Pfuhl.

Einladung zum Thron

Wie gelangen wir zu diesem Ziel?

Dazu sagt die Offenbarung: Menschen, die ihr Lebenskleid gewaschen haben im Blut des Lammes, die gelangen zum Ziel. Wir dürfen unser Lebenskleid waschen im Blut des Lammes. *Sein Blut macht uns rein von aller Sünde.*

Unsere Aufgabe ist es, dass wir als Gemeinde Menschen auf dieses Ziel hinweisen, dass wir ihnen zurufen: Kommt!

„Wen dürstet, der komme und nehme das Wasser des Lebens umsonst!" (Offenbarung 22,17)

Paulus schreibt im Römerbrief: *„Denn wenn du mit deinem Munde bekennst, dass Jesus der Herr ist, und glaubst in deinem Herzen, dass ihn Gott von den Toten auferweckt hat, so wirst du gerettet."* (Römer 10,9)

Wovor denn gerettet? Vor diesem feurigen Pfuhl!

Wer an ihn glaubt, wird nicht zuschanden werden.

„Denn ‚wer den Namen des Herrn anruft, wird selig werden' (Joel 3,5). Wie sollen sie aber den anrufen, an den sie nicht glauben? Wie sollen sie aber an den glauben, von dem sie nichts gehört haben? Wie sollen sie aber hören ohne Prediger? Wie sollen sie aber predigen, wenn sie nicht gesandt werden? Wie denn geschrieben steht (Jesaja 52,7): ‚Wie lieblich sind die Füße der Freudenboten, die das Gute verkündigen!' ... So kommt der Glaube aus der Predigt, das Predigen aber durch das Wort Christi." (Römer 10,13-17)

Der Geist und die Gemeinde, die Brautgemeinde, sprechen: *Komm, komm zu dem, der auf dem Thron sitzt, in das Zentrum aller Dinge.*

Das ist Aufgabe und Gabe der Gemeinde.

Einmal heißt es sinngemäß: „Lieblich sind die Füße derer, die dieses Evangelium verkündigen." Schauen Sie sich Ihre Füße an, sind sie lieblich? Es können gern Plattfüße sein. Gehen Sie zu Menschen, um ihnen diese frohe Botschaft zu sagen, um sie einzuladen, dann liegt auch Segen auf Ihren Füßen!

Ruhe der Ewigkeit

Nichts in der Welt, nichts in unserem Leben ist von einem blinden Schicksal bestimmt. Eine majestätische Ruhe geht von dem Thron aus, von ihm her werden wir zu dieser Ruhe und Gelassenheit gerufen, hineingenommen in das große Aufatmen der Seele. Mitten im Sturm, in der Unruhe der Zeit sind wir umfangen von der Ruhe der Ewigkeit.

Wer die Welt begreifen will, muss sie *von der Ewigkeit her* begreifen, oder er begreift sie nicht. Wer die Geschichte begreifen will, muss sie von *hierher* begreifen, oder er begreift sie nicht. Wer die Kirche begreifen will, muss sie von *hierher* begreifen, oder er begreift sie nicht. Wer sich selbst begreifen will, muss sich von *hierher* begreifen, oder er hat sich selber nie begriffen.

Diesen Thron stürzt keine Revolution! Von ihm geht im Gegenteil alles wirklich Revolutionäre aus. Die erste große Revolution war die *creatio ex nihilo*, die Schöpfung aus dem Nichts. Das Kreuz von Golgatha, das Heil der Sünder, hat hier seine Ursache. Die Auferstehung Jesu Christi und dass wir hineingenommen sind in diese seine Auferstehung durch den Glauben, den er uns schenkt, das alles geht aus von diesem Thron.

In Offenbarung 4,3 steht: *„Ein Regenbogen war um den Thron.“*

Der Regenbogen ist das Zeichen der Geduld und Treue Gottes. Der Regenbogen sagt mir: „Wenn du auch untreu warst, so war ich dir doch immer treu. Wo du lau warst, habe ich für dich gebrannt. Wo du müde warst, habe ich dich bewacht. Wo du gestrauchelt bist, habe ich dich gehalten. Und wo du gefallen bist, habe ich dich wieder aufgerichtet."

Wo wären wir, wenn Gottes Treue nicht wäre! Wir können nur mit großer Sehnsucht nach diesem Thron schauen. Das ist die Mitte aller Welt, das ist die Mitte der Geschichte, die Mitte der Schöpfung. Dort sind wir Menschen wirklich zu Hause.

Was folgt aus dem allen?

Die Predigt des Evangeliums hat hochpolitische Bedeutung. Sie wirkt hin auf die Vollendung der Welt. *„Es wird gepredigt werden dies Evangelium vom Reich in der ganzen Welt zum Zeugnis für alle Völker, und dann wird das Ende kommen"* (Matthäus 24,14).

Sobald wir das Evangelium weitersagen, hat das weltgeschichtliche, politische Bedeutung. Christus ist nicht allein Heiland meiner Seele, sondern Herr der Welt. Am Evangelium entscheidet sich ewiges Heil, oft auch irdisches Wohl und Wehe der Völker. Völker, die nicht nach Gott fragen, stehen unter einem Fluch. Völker, die nach Gott fragen, stehen unter dem Segen.

Es geht um die Weltgeschichte, und Gott hat uns das Evangelium anvertraut. Es geht nicht nur um uns einzelne Menschen. Die Mitte, das Zentrum aller Dinge ist dieser Thron.

Lassen Sie uns diesen Thron ins Auge fassen, die Heilige Schrift von diesem Thron her lesen und verstehen! In jedem ihrer Worte spricht die Heilige Schrift unausgesprochen von diesem Thron. Das ist die Mitte aller Welt, die Mitte der Geschichte und der Schöpfung. Dort sind wir wirklich zu Hause.

Wohin wir kommen,
wenn wir gehen

Drei Gedanken bewegen mich:
1. Hören und Sehen: Meinem Staunen fehlen die Worte.
2. Wir wurden geschaffen, damit wir ewig leben.
3. „Für Gott leben sie alle!"

1. Hören und Sehen: Meinem Staunen fehlen die Worte

„Wenn uns Hören und Sehen vergeht" ist ein schönes Büchlein von Uwe Seidel.[6] Als ich es in die Hände nahm, kamen mir „Hören und Sehen" als Wunder in den Sinn! Wenn ich beides bedenke, fehlen meinem Staunen die Worte.

Unser *Gehör* ist von allen fünf Sinnen, die uns gegeben sind, der schnellste und empfindlichste. Es lässt uns Töne mit sehr knapp auseinander-liegenden Frequenzen unterscheiden, ermöglicht eine präzise Orientierung im Raum und warnt vor

---

6   Patmos Verlag, Düsseldorf, 1987.

Gefahren. „Haarzellen", die die zentrale Rolle im komplexen Vorgang des Hörens spielen, reagieren hochempfindlich auf zu lautes oder zu langes Beschallen.

Meine Ohren messen Luftdruckschwankungen und senden das Messresultat als elektrische Signale an das Gehirn. Keiner meiner Sinne ist schneller. Die Augen können 20 Bilder pro Sekunde unterscheiden – die Ohren reagieren bis zu 1000-mal rascher. So erschließen sie uns das Zauberreich der Klänge von den zarten Obertönen einer Violine, die etwa 20 000-mal pro Sekunde schwingen, bis hinunter zum profunden Orgelbass mit 15 Schwingungen pro Sekunde. Keiner meiner Sinne ist präziser.

Ich kann Töne unterscheiden, deren Schwingungsfrequenzen um weniger als 0,05 Prozent auseinanderliegen. Und keiner meiner Sinne ist empfindlicher, denn mein Gehör reagiert auf schallbedingte Vibrationen, die kleiner als der Durchmesser eines Atoms sind. Da meine zwei Ohren nicht nur die Stärke eines Schalls, sondern auch sein zeitliches Eintreffen mit fast unheimlicher Präzision untereinander vergleichen, sagen sie mir, woher ein Schall kommt, und schenken mir auch im Dunkeln eine räumliche Vorstellung von meiner Umgebung.

Und dann das *Auge!* Dass es das Sehen gibt! Wer kann dieses Wunder verstehen? Wenn ich über das Sehen nachdenke, muss ich es wiederum sagen: „Meinem Staunen fehlen die Worte."

Das Auge sei unser wichtigstes Sinnesorgan, wird gesagt. Es ist verantwortlich für die Orientierung im Raum, für die Unterscheidung von Farben, Formen, Bewegungen, Geschwindigkeiten und Distanzen sowie für das Erkennen von Menschen und komplexen Situationen.

Das Licht fällt durch die klare Hornhaut in das Auge, tritt durch die Pupille und gelangt über die Augenlinse und den Glaskörper auf die Netzhaut. Dort wird es in Nervensignale umgewandelt, die über den Sehnerv zum Gehirn geleitet werden. Man kann das Auge mit einem Fotoapparat vergleichen: Über das Objektiv (Augenlinse), das sich mittels Autofokus auf die richtige Entfernung einstellt, und die Blende (Pupille), die den Lichteinfall regelt, gelangt das Licht auf die Netzhaut. Und dann der Sehnerv! Im Sehnerv treffen alle Nervenfasern der Netzhaut zusammen. Er enthält etwa 600 000 bis 800 000 Nervenleitungen, die ins Gehirn führen. Das alles tragen wir in uns, mit uns.

Wunder voller Wunder!

Aber viele, die Abgestumpften, wundern sich nicht.

Und etliche Menschen, die sich rein wissenschaftlich wundern müssten, schieben einen Riegel davor. So meint Jacques Monod, der Molekularbiologe: „Die wissenschaftliche Methode zwingt dazu, eine Frage nicht zuzulassen, auf die die Antwort Gott heißen müsste."[7] Joseph Ratzinger, der

---

7 „Zufall und Notwendigkeit", München, 1971.

Theologe und Papst, kontert: „Welch armselige Methode – kann man da nur sagen."[8]

Die Wissenschaft lässt die Frage nach Gott also erst gar nicht zu. Sie forscht, als ob es Gott nicht gäbe. Eine „Als-ob-Wissenschaft"!

Nicolas Gomez Davila kommentiert diesen Sachverhalt so: „Warum sollten wir uns etwas vormachen: Die Wissenschaft hat keine einzige wichtige Frage beantwortet."[9]

Ohr und Auge, Hören und Sehen und die anderen Wunderwerke des menschlichen Leibes – wurden sie erschaffen, damit sie vergehen, verwesen, und das war es dann?

Wozu dieser Aufwand an Schöpferweisheit und Gotteskraft?

NEIN! Die Wunderwerke weisen über sich hinaus. Sie weisen auf den Schöpfer, verweisen sogar auf die neue Schöpfung, die uns persönlich betrifft und unsagbar viel schöner, wunderbarer, herrlicher ist als die alte! Da erwarten uns auch ein neues Hören und ein neues Sehen.

Davon spricht die Heilige Schrift.

2. Wir sind geschaffen, damit wir leben

Wir wurden in dieses Leben hineingeboren, ohne dass wir uns dafür entscheiden konnten. Wir werden gehen, ohne dass wir es verhindern können.

---

8   „Im Anfang schuf Gott – Konsequenzen des Schöpfungsglaubens", Freiburg, 2014, S. 34.

9   „Aufzeichnungen des Besiegten", Wien, 1992, S. 79.

Die großen Entscheidungen über uns haben nicht wir getroffen.

Über uns ist entschieden worden, und es wird entschieden werden.

Großspurigkeit des Menschen im Blick auf sich selbst ist fehl am Platz.

„Was ist der Mensch, dass du seiner gedenkst?" (Psalm 8,5). So fragt ein Beter angesichts des Firmaments seinen Schöpfer im Alten Testament.

Der Beter spürt, wie klein wir sind.

Wir wissen heute weit mehr über die Größe des Universums als der Beter damals. Wir wissen, dass die Erde in diesem Kosmos nur ein Stäubchen ist. Aber wer sind wir dann, denen dieses Stäubchen „Erde" unfassbar groß erscheint?

„Was ist der Mensch?" Der Kosmos predigt mir, dass ich unendlich klein bin.

Dagegen die Heilige Schrift, was sagt sie über den Menschen?

„Du hast ihn wenig geringer gemacht als Gott, mit Herrlichkeit und Ehre hast du ihn gekrönt. Du hast ihn zum Herrn gemacht über deiner Hände Werk, alles hast unter seine Füße getan." (Psalm 8,6-7)

Auf die Frage „Was ist der Mensch?" antwortet das Buch der Bücher mit der Gottesebenbildlichkeit des Menschen: *„Du hast ihn wenig niedriger gemacht als Gott."*

Das ist das Größte, was jemals über den Menschen gesagt worden ist. Niemals ist Größeres über den Menschen ausgesprochen worden: Ebenbild Gottes!

Zu dem Schöpfer aller Dinge dürfen wir VATER sagen.

Dieser Vater hat uns nicht liebend geschaffen, damit wir eines Tages sterben – und das war es dann. Er hat uns geschaffen, damit wir mit IHM leben, wirklich und ewig leben. Ich empfinde tiefe Geborgenheit, spüre, dass ich keine Angst haben muss, wenn mir Hören und Sehen vergeht. Bin ich jetzt in Gott geborgen, bin ich es im Sterben und nach dem Sterben in Ewigkeit auch.

Aber nun: Was ist mit unseren Verfehlungen?

Gott ist heilig – ich bin unheilig. Meine Unheiligkeit trennt mich vom Allerhöchsten. Aber weil seine Liebe unsere Trennung von ihm nicht erträgt, ist er in Jesus gekommen, um uns alle Unheiligkeit, alle Verfehlungen zu nehmen.

„Das Blut Jesu, seines Sohnes, macht uns rein von aller Sünde." (1. Johannes 1,7)

Gott macht uns Unheilige heilig, um mit uns die Ewigkeit zu feiern.

Als Pfarrer habe ich Menschen sterben gesehen. Als ihnen Hören und Sehen verging, waren sie friedevoll bereit. Großer Trost für die Hinterbliebenen!

Andere dagegen konnten nicht loslassen, verkrampfter Leib, angstverzerrtes Gesicht. Warum war das oft so verschieden?

Die einen hatten Frieden mit Gott.

Die anderen hatten das nicht. Ihr Leben lang haben sie sich der Liebe Gottes gegenüber ablehnend, oft feindselig verhalten.

Wohin kommen wir, wenn wir gehen? Das können wir uns nicht selbst sagen. Das muss uns von dem gesagt werden, von dem wir kommen und zu dem wir gehen.

3. Für Gott leben sie alle

Dass es nach dem Sterben nicht aus ist, hat Jesus unmissverständlich deutlich gemacht. Er bezieht sich einmal auf eine Gottesbegegnung im Alten Testament. Gott hatte beim brennenden Busch zu Mose gesagt: *„Ich bin ... der Gott Abrahams, der Gott Isaaks und der Gott Jakobs"* (2. Mose 3,6). Die aber waren längst gestorben. Jesus macht klar: „Hallo! Gott ist doch kein Gott der Toten, kein Gott verwester Leichen."

„Dass aber die Toten auferstehen, darauf hat auch Mose hingedeutet beim Dornbusch, wo er den Herrn nennt Gott Abrahams und Gott Isaaks und Gott Jakobs. Gott aber ist nicht ein Gott der Toten, sondern der Lebenden; denn ihm leben sie alle." (Lukas 20,37-38).

Ein Gott der Lebenden! *Ihm leben sie alle!*

Die Ewigkeit Gottes, die uns umgibt, ist nahe. Sie ist so nahe, dass wir, wenn wir Jesus aufnehmen, von der Ewigkeit aufgenommen sind.

„Wer [an mich] glaubt, der hat das ewige Leben!" (Johannes 3,36). Verwegene Worte!

Unsere lieben Verstorbenen sind nicht weit weg. Die Ewigkeit, die uns umgibt, ist dieselbe Ewigkeit, die sie umgibt. *IHM leben sie alle!* Auch Ungläubige, die sterben, sind für Gott nicht tot. Wie sollte er sie sonst richten?

Gott, den viele für weltenfern halten, ist uns näher als alles andere in dieser Welt. Die bei Gott sind, die wir geliebt haben, sind uns nahe. Beim Vater im Himmel geht es ihnen besser, als sie es bei uns je hätten haben können. Das soll uns ein starker Trost sein, wenn wir sie schmerzlich vermissen.

Für Gott gibt es keine Totenwelt. Totenbücher führt man auf der Erde – nicht im Himmel. Unsere Friedhöfe sind in Gottes Augen Orte, wo die, die von uns gegangen sind, ihre irdischen Kleider abgelegt haben.

Jesus sagt: *„In meines Vaters Hause sind viele Wohnungen"* (Johannes 14,2). Eine neue Wohnung zu beziehen ist ja jetzt schon spannend. Wie wird es dann erst sein? Darauf dürfen wir uns freuen. *„Siehe, ich mache alles neu!"* (Offenbarung 21,5).

Das Alte wird nicht repariert. Neues entsteht! Ein neuer Himmel, eine neue Erde, das himmlische Jerusalem, geschmückt wie eine Braut, die vom Himmel herabkommt. Völlig neu wird es da sein. Kein Hass, keine Gewalt, kein Geschrei, kein Leid, kein Schmerz, kein Tod. Ein neuer Himmel, eine neue Erde, völlig anders als das, was wir hier erleben. *„Gott wird abwischen alle Tränen von ihren Augen … denn das Erste ist vergangen."* (Offenbarung 21,4).

„Denn also hat Gott die Welt geliebt, dass er seinen eingeborenen Sohn gab, auf dass alle, die an ihn glauben, nicht verloren werden, sondern das ewige Leben haben" (Johannes 3,16). Menschen werden das ewige Leben haben!

Was ist schöner, größer, herrlicher, beglückender, als in einem sterblichen Leib zu wohnen und doch das ewige Leben zu haben; auf einem Planeten zu leben, der seiner Auflösung entgegenzittert, und dabei der eigenen Auferstehung entgegenzusehen.

Aber nun auch das andere: Menschen werden *verloren gehen*.

Das ist das Schlimmste, das Ihnen und mir passieren kann. Verloren gehen. Ewig in kalter Einsamkeit, nie mehr geborgen, nie mehr umarmt, nie mehr geliebt. Es wäre besser, wir wären nie geboren, wir hätten nie gelebt.

Hören Sie die Ansage der unverbrüchlichen Liebe, des unzerstörbaren Glücks:

„Denn also hat Gott die Welt geliebt, dass er seinen eingeborenen Sohn gab, auf dass alle, die an ihn glauben, nicht verloren werden, sondern das ewige Leben haben."

Eben *nicht verloren gehen!* Eben *nicht!*

Ich schließe mit Worten von Paul-Ulrich Lenz:

„Es ist ein starkes Gottesbild. – Gott schenkt das Leben, nicht nur für ein paar Jahre, nicht nur für die Zeit der Erde. Er schenkt das Leben, um es nie mehr loszulassen. Es ist Gabe, die kein Ende hat, die auch durch den Tod hindurch nicht verloren geht. Der Schöpfer lässt sein Geschöpf nie mehr los. Der Gedanke Gottes, den er einmal in die Wirklichkeit gesetzt hat, geht nie mehr verloren. Er wird nur noch verwandelt, transformiert, sodass er auch in die neue Schöpfung ‚passt'. Fast könnte man ein wenig spielerisch und ironisch sagen: Das ist die jesuanische Variante des Satzes von der Erhaltung der Materie. Oder, um es biblisch weniger anstößig zu sagen – Jesus setzt hier nur in Kraft, was er früher seinen Jüngern gesagt hat: ‚Freut euch aber, dass eure Namen im Himmel geschrieben sind' (Lukas 10,20)".

Ewigkeit!

Wir werden uns wundern!

„Und ich sah einen neuen Himmel und eine neue Erde; denn der erste Himmel und die erste Erde sind vergangen, und das Meer ist nicht mehr. Und ich sah die heilige Stadt, das neue Jerusalem, von Gott aus dem Himmel herabkommen, bereitet wie eine geschmückte Braut für ihren Mann. Und ich hörte eine große Stimme vom Thron her, die sprach: Siehe da, die Hütte Gottes bei den Menschen! Und er wird bei ihnen wohnen, und sie werden seine Völker sein, und er selbst, Gott mit ihnen, wird ihr Gott sein; und Gott wird abwischen alle Tränen von ihren Augen, und der Tod wird nicht mehr sein, noch Leid noch Geschrei noch Schmerz wird mehr sein; denn das Erste ist vergangen. Und der auf dem Thron saß, sprach: Siehe, ich mache alles neu!" (Offenbarung 21,1-5).

Der neue Himmel und die neue Erde – das ist die Gestalt gewordene Ewigkeit. Sie kommt auf uns zu, und wir gehen ihr entgegen. Die Ewigkeit können wir nicht machen, und wir können sie nicht verhindern.

Jesus sagt: „Siehe, *ich* mache alles neu!"

Noch leben wir auf der alten Erde, unter dem alten Himmel.

Solange die neue Erde noch nicht gekommen ist, müssen wir der alten treu bleiben und doch die Ewigkeit fest ins Auge fassen.

Die alte Erde ist voraussichtlich die, auf der auch unsere Kinder, Enkel und Urenkel zu leben haben. Ich wünsche mir von Herzen, dass meine Enkel, Urenkel und Ururenkel auch in Zukunft noch frische Luft atmen, sauberes Wasser trinken, genug zu essen haben. Ich möchte aber auch, dass meine Kinder, Enkel und Urenkel in den Himmel kommen. Sie kommen gewiss in den Himmel, wenn sie zum Glauben an Jesus Christus finden.

Die Urenkel der Afrikaner, Asiaten, Süd- und Nordamerikaner und Australier sollen aber auch frische Luft atmen, sauberes Wasser trinken, genug zu essen haben – und sie sollen auch in den Himmel kommen! Sie kommen gewiss in den Himmel, wenn sie zum Glauben an Jesus Christus finden. Ich weigere mich, das eine – ihr irdisches

Wohlergehen – gegen das andere – ihre ewige Seligkeit – auszuspielen.

Wir müssen der alten Erde treu bleiben, um Gottes und der Menschen willen.

Und wir müssen um Gottes willen Gemeinde Jesu Christi sein zur ewigen Rettung der Kleinsten, der Letzten und der Verlorenen.

Wir Christen wollen tun, was wir können – eingedenk des Wortes Jesu: *„Ohne mich könnt ihr nichts tun!"* (Johannes 15,5)

Was aber ist zu tun?

Unsere Kirchengemeinden sind von Gott gerufen, *Missionsstationen* zu werden, wo Menschen zu Jesus Christus finden, es lernen, ein persönliches Liebesverhältnis zu ihm zu gewinnen.

Das aus drei Gründen:

1. Weil Jesus von Herzen will, dass wir ihm vertrauen, weil er jeden Einzelnen und jede Einzelne unaussprechlich liebt. Er ist doch für Sie ans Kreuz gegangen, haben Sie das vergessen?

2. Weil Menschen allein durch das Vertrauen für den Himmel gerettet werden. Es geht um Himmel oder Hölle.

3. Weil durch das persönliche Liebesverhältnis zu Christus seine Liebe empfangen wird und wir den Mitmenschen und der Schöpfung gegenüber auf diese Weise liebevoll werden.

Nur was wir empfangen, können wir geben.

Ist der einst ausgerufene *Konziliare Prozess* die Antwort auf diese dramatischen Fragen? *Friede – Gerechtigkeit – Bewahrung der Schöpfung!*[10]

Das sind nicht einfach Worte.

Das sind zunächst Anfragen an mich persönlich: Wie steht es mit dem Frieden in meiner Familie, in meiner Verwandtschaft, Nachbarschaft? Wie ist es mit der Gerechtigkeit? Wie gehe ich mit der Schöpfung um?

Es sind aber auch Mandate: Aufgaben, Befehle.

„Ohne Christus sind die Zukunftsaufgaben nicht zu lösen", las ich irgendwo.

Ist das eine christliche Worthülse, eine Alibiformulierung, die alles auf Christus schiebt, um sich selbst davonzustehlen?

Mir sagte jemand: „Wir haben in Europa 75 Jahre Frieden – ohne euren Jesus. Geht uns fort mit eurem Jesus!"

Lasst mich diesen „Frieden" genauer betrachten. Was für ein Friede ist das?

Es ist der Friede, den wir dazu missbrauchen, ungestört unsere Kinder im Mutterleib zu zerstückeln, unsere Flüsse zu vergiften, Wälder zu

---

10 „Konziliarer Prozess" ist die Bezeichnung für den gemeinsamen Lernweg christlicher Kirchen zu Gerechtigkeit, Frieden und Bewahrung der Schöpfung. Begonnen hat diese Bewegung auf der VI. Vollversammlung des Ökumenischen Rates der Kirchen (ÖRK) in Vancouver (Kanada) 1983, wo die Stationierung von Massenvernichtungswaffen diskutiert und als Verbrechen gegen die Menschheit bezeichnet wurde. Um etwas bewirken zu können, sollten die Kirchen gemeinsam für Frieden eintreten.

zerstören, die Umwelt zu verderben, Ehen zu brechen, vielen Kindern eine notvolle Existenz als Scheidungswaisen zuzumuten.

Wenn wir Frieden dahingehend verstehen, dass wir unseren Egoismus so ungestört wie möglich austoben können, dann ist das eben nicht gemeint. Das wäre ein fauler Friede, bei dem zu viel auf der Strecke bleibt: die abgetriebenen Kinder, die Lebensgrundlagen, das Wohlergehen der Generationen nach uns.

Ohne Christus sind die Zukunftsaufgaben nicht zu lösen.

Da kann einer sagen: „Ihr Christen habt doch im Namen eures Jesus Frauen als Hexen verbrannt, Inquisition betrieben, Kreuzzüge durchgeführt!"

Da kann ich nur sagen: Das waren gottlose Etikettenschwindler, die sich ein christliches Etikett aufgeklebt hatten, ohne Christen zu sein.

Ja, die Christenheit steht vor einem Haufen schrecklicher Scherben. Aber wir haben gelernt: Wir haben gelernt, dass sich christlicher Glaube böse missbrauchen lässt. Es lässt sich das Wesen des christlichen Glaubens – wenn wir nicht wach sind – in sein Gegenteil verkehren. Darum kommt alles darauf an, dass wir keinen christlichen Etikettenschwindel betreiben. Es gibt das *Wesen* des christlichen Glaubens. Dem steht sein *Unwesen* gegenüber. Auf eine Giftflasche muss mit großen Buchstaben geschrieben sein: VORSICHT: GIFT!

Man kann aber auch ein falsches Etikett draufkleben: *Himbeersaft.* Durch den Etikettenschwindel wird das Gift erst wirklich gefährlich, weil es etwas vortäuscht, was nicht stimmt. Jeder Christ steht vor der Frage: *Ist mein Christsein echt oder ein Etikettenschwindel?*

Christen werden wir eben nicht durch den Taufritus, weil durch einen Ritus kein Mensch verwandelt wird. Das wäre magisches Denken. Auch die Sakramente sind wirkungslos, wenn sie einem Menschen verabreicht werden, der sich *Christ* nennt, es aber nicht ist.

Unsere moderne Welt schwankt. Sie besitzt viel, aber hat keinen Halt.

Ich war in einem Waisenhaus, habe kleine Kinder gesehen, gut genährt und doch erkrankt: Hospitalismus. Da schwankt ein kleiner Mensch, hat alle Dinge, die er braucht, aber das Entscheidende hat er nicht: Zuwendung, Liebe, Geborgenheit. Da wird die kleine Seele krank.

Unsere europäische Welt gleicht einem Waisenhaus. Hat sie beschlossen, dem ewigen Gott ihr Vertrauen zu entziehen? Dadurch hätte sie sich aller Geborgenheit beraubt, der Zuwendung Gottes, der Liebe des Ewigen.

In dieser Welt leben wir, wir europäischen Christen.

Die anderen Kontinente, Asien, Afrika, Australien, Süd- und Nordamerika erleben einen Aufbruch des Evangeliums, den es in der Geschichte dieser Welt noch nicht gab. In unseren Medien hört man selten etwas davon.

Ich schließe mit einer Begebenheit aus Seoul in Südkorea.

Ich sitze in einer der größten Gemeinden der Welt. Viele Gemeinden unterschiedlicher Denominationen sind in Südkorea erstaunlich groß, riesengroß.

Von meinem Platz aus höre ich alles durch Kopfhörer: „Wir sind frei von der Depression des Buddhismus!", sagt der Prediger. Es ist unvorstellbar, wie besonders junge Buddhisten, von Christus erfasst, ihre alte Religion verlassen. Ein Massenauszug findet statt, aus ihrer angestammten Religion hin zu Christus.

Eine Orgel habe ich in dieser Gemeinde nicht gesehen, stattdessen ein großes Symphonieorchester, wovon es sogar mehrere gibt.

Das *Halleluja* von Händel! Der riesige Chor, die wunderbaren Stimmen, von meinem Platz aus sind die Sängerinnen und Sänger gut zu sehen, zu hören. Sie tragen bunte Gewänder, einfach nur schön! Ein Hauch von Ewigkeit!

Ein junger Sänger fällt mir auf, er strahlt, jubelt, betet an. Da ist zu spüren: Jesus hat ihn frei und froh gemacht.

Später laufen wir uns über den Weg. Ich spreche ihn an, sein Englisch ist besser als meines. „Was ist für dich der Unterschied zwischen deiner alten Religion und dem Glauben an Jesus?", frage ich ihn.

„Buddhisten haben keine Loblieder. Sie haben nichts zu loben."

Mir geht einiges durch den Kopf. Ein Buddhist hatte mir in Ceylon letzte Worte des sterbenden Buddha zitiert: „Bemüht euch ohne Unterlass, bemüht euch!" Jesus sagt am Kreuz: „Es ist vollbracht!"

Das ist das Evangelium: Um ewiges Leben zu empfangen, haben wir nichts zu vollbringen. „Wer das Reich Gottes nicht *empfängt* wie ein Kind", sagt Jesus, „der wird nicht hineinkommen" (Markus 10,15). Wir haben zu unserer ewigen Rettung nichts zu vollbringen, wir dürfen empfangen, Gnade um Gnade.

Darum singt die Christenheit auf Erden Loblieder, sie münden ein in die Loblieder der Ewigkeit. Die Ewigkeit – unsere endgültige Heimat!

Wir werden uns wundern!

Wenn ich mir so manche Kirche anschaue, denke ich: „Dieser tolle Kirchturm!" Er zeigt gen Himmel, erinnert an die Ewigkeit, an die Hoffnung, die wir haben.

Dahin sind wir unterwegs.

Predigtforscher weisen nach, dass unsere Prediger die Ewigkeit oft verschweigen. Dadurch verblasst die Ewigkeitshoffnung. Das trägt zur Lähmung unserer Gemeinden und Jugendkreise bei.

Wenn wir die Ewigkeit ausblenden, werden wir zwar weiterhin versuchen, Gutes zu tun, doch die Mitmenschen jenseits der Kirchenmauern dem Unglauben überlassen, ihrem allergrößten Unglück. Das darf nicht sein!

Welch eine Bedeutung die Ewigkeitshoffnung für die Gemeinde Jesu hat, hat uns der große Theologe *Emil Brunner* ins Stammbuch geschrieben:

„Die Ewigkeitshoffnung ist ja nicht ein ‚Stück‘ des Glaubens, das letzte Stück, genannt Eschatologie, sondern die Ewigkeitshoffnung ist das, worum es im christlichen Glauben überhaupt geht, ohne das es also nicht ein Stück ärmer wäre, sondern ohne das es überhaupt nichts, ganz und gar nichts wäre, genau in dem Sinne, wie es der Apostel von der Auferstehung Jesu sagt: ‚Ist Christus nicht auferstanden, so ist euer Glaube nichtig, so seid ihr noch in euren Sünden.“

Die Ewigkeit – unsere endgültige Heimat! Wir werden uns wundern!

Weitere Bücher vom selben Autor

Ich muss mit dir reden
Tb., 176 S., 11 x 18 cm
Best.-Nr. 271627
ISBN 978-3-86353-627-5

Unsere Zeit surft sich fasziniert durchs Internet. Wir fühlen uns informiert. Dabei wird übersehen, dass sich nur auf Oberflächen surfen lässt. In die Tiefe führt das alles nicht. Wo kommen wir her? Wo gehen wir hin? Was soll das Auf und Ab unserer Jahre, bis wir am Ende in die Gräber sinken? Eickhoff geht den großen Fragen der Menschheit auf den Grund, nimmt Leserinnen und Leser mit auf einen spannenden gedanklichen Weg. Die Hintergründe unseres Daseins werden uns aufgeschlossen – ruhig, liebevoll, horizonterweiternd, kraftvoll.

Freude
Warum wir nicht genug davon kriegen
Tb, 64 S., 11 x 18 cm
Best.-Nr. 271611
ISBN 978-3-86353-611-4

Warum macht Lachen schön? Warum ist dennoch ein kurzweiliger Freudenrausch zu wenig? Und wo bekommt man echte Freude eigentlich her? Diesen und anderen Fragen widmet sich dieses Büchlein und zeigt, dass wahre Freude nur von Gott kommen kann.

Wie ein Spatz im Käfig
Tb., 96 S., 11 x 18 cm
Best.-Nr. 271356
ISBN 978-3-86353-356-4

Ein Spatz im Käfig geht ein, weil er für die Freiheit geboren wurde. So sind auch wir nicht dazu geschaffen, im (selbst gebauten) Käfig zu hocken. Gott hat uns zu einer lebendigen, frei machenden Beziehung mit ihm geschaffen. Doch viele Menschen haben Vorbehalte und wollen sich weder auf einen Gott einlassen, der Leid zulässt, noch auf ein Christsein, bei dem sie vermeintlich alle menschlichen Freiheiten aufgeben müssten. Klaus Eickhoff zeigt in diesem unterhaltsamen Buch, worum es in der Beziehung zu Gott wirklich geht.

Mach mal Pause!
Tb., 80 S., 11 x 18 cm
Best.-Nr. 271198
ISBN 978-3-86353-198-0

Wir werden mit Informationen zugeschüttet, aber
was davon ist wirklich wichtig? Wir definieren
uns über Leistung oder Spaß, aber was ist der Sinn
unseres Lebens? Klaus Eickhoff lädt dazu ein,
innezuhalten und aus dem Gedankenkarussell des
Alltags auszusteigen. Nachzudenken darüber, was
im Leben wirklich wichtig ist.